学校课程发展
精品丛书

丛书主编

舒小红　杨四耕

王玉燕 主编

学科课程与育人质量

华东师范大学出版社

·上海·

图书在版编目(CIP)数据

学科课程与育人质量/王玉燕主编. —上海:华东师范大学出版社,2020

(学校课程发展精品丛书)

ISBN 978-7-5760-0654-4

Ⅰ.①学… Ⅱ.①王… Ⅲ.①小学-学科建设-研究-南昌 Ⅳ.①G622.3

中国版本图书馆 CIP 数据核字(2020)第 241038 号

学校课程发展精品丛书

学科课程与育人质量

丛书主编	舒小红　杨四耕
主　　编	王玉燕
责任编辑	刘　佳
特约审读	桂肖珍
责任校对	郑海兰　时东明
装帧设计	高静芳

出版发行　华东师范大学出版社
社　　址　上海市中山北路 3663 号　邮编 200062
网　　址　www.ecnupress.com.cn
电　　话　021-60821666　行政传真 021-62572105
客服电话　021-62865537　门市(邮购)电话 021-62869887
地　　址　上海市中山北路 3663 号华东师范大学校内先锋路口
网　　店　http://hdsdcbs.tmall.com

印 刷 者　江苏扬中印刷有限公司
开　　本　787×1092　16 开
印　　张　16
字　　数　217 千字
版　　次　2021 年 2 月第 1 版
印　　次　2021 年 2 月第 1 次
书　　号　ISBN 978-7-5760-0654-4
定　　价　48.00 元

出 版 人　王　焰

(如发现本版图书有印订质量问题,请寄回本社客服中心调换或电话 021-62865537 联系)

丛书总序

区域课程改革既受国家课程改革政策影响,又与学校课程变革主体意愿相关。无论是国家课程改革的落地,还是学校课程变革的统领,都和区域这个中间环节密不可分。就区域课程改革推进模式而言,主要有"自上而下"的空降模式、"自下而上"的草根模式和"平行主体"的分布模式等三种。从宏观角度看,自上而下的课程变革层级设计是最有效的;从微观角度看,自下而上的课程变革主体参与是最重要的;从文化角度看,平行主体的课程变革激励分享是最有意义的。面对各种课程变革模式,如何取长补短是区域课程改革的路径选择和实践智慧。

美国当代教育改革家约翰·I.古德莱德(John I.Goodlad)和克莱因(M.Frances Klein)、肯尼思·A.泰伊(Kenneth A.Tye)提出"课程层级论"思想,他们将课程分为五个层级:(1)理想的课程,由研究机构、学术团体和课程专家倡导的、以纯粹形式呈现的课程形态。这类课程是否产生实际影响,主要看它是否为官方所采纳;(2)正式的课程,是获得州和地方学校委员会同意,由学校和教师采用的课程,也就是列入学校课程表的课程;(3)领悟的课程,指头脑中领悟的、理解的课程,被官方采纳的正式的课程会以学科形式呈现,经教师理解和领悟进入实施状态;(4)实施的课程,教师根据具体的教育情境,对"领悟的课程"作出调整使之成为"实施的课程",进入课堂教学;(5)体验的课程,这是学生实际体验到的课程,尽管经历了同样的课程与学习,但不同学生会获得不同的学习体验,该层次的课程是对整个课程组织流转的最终检验和落实。①

在古德莱德看来,上述五个课程层级,每个课程层级都必须进行三个方面的探究:一是实质性探究,包含对课程目标、学科内容以及教材等课程实体要素的本质和价值研究;二是社会性探究,包括对人类发展过程的研究,通过"政治一社会"研

---

① John I.Goodlad and Associates(eds.).Curriculum Inquiry:the study of curriculum practice[M].New York:McGraw Hill,1979:344-350.

究看到利益倾向及其因果关联；三是专业性探究，主要从"技术—专业"角度考察个体或群体对课程的设计、维护和评价，进而改进、推动或者更新课程。① 前两个方面主要探究课程的价值与原理，后一个方面主要探究课程的技术与实践。古德莱德认为每个层级的课程都必须对其本质与价值、政治与社会、技术与专业进行细节性地审视和实践化处理，才能真正促使课程一层一层地垂直落地。

古德莱德"课程层级论"揭示了课程从理论形态到实践形态的运动过程，使人们对课程概念的理解从静态角度转换到动态角度，真正把课程看成是层次化、系统化和生态化的复杂系统，使我们既看到课程的宏观系统，又看到课程的微观层面；既关注原理的探究，又关注实践的落实，对课程从哪里来，要到哪里去，从时间流上考察清楚了。

按照古德莱德"课程层级论"思想，课程改革从区域布局到学生学习整个自上而下的"课程链"有五个层级：(1)区域层面，代表国家，推行"理想的课程"；(2)学校层面，基于本校，规划"正式的课程"；(3)科组层面，立足学科，设计"理解的课程"；(4)教师层面，深耕课堂，创生"实施的课程"；(5)学生层面，聚焦学习，获得"经验的课程"。每个课程层级内部有一个"势能储层"。按照《简明不列颠百科全书》的解释：势能是由系统各部分的相对位置所决定的储能，势能是系统的特性而不是单个物体或质点的性质。② 势能是个状态量，是相互作用的物体所共有的。我们用"势能储层"这个概念来表达在一个课程层级内的若干要素之间的相互作用情况，每个课程层级就是一个"势能储层"，该层级内部各要素，如资源、环境、主体等相互作用，产生一定的"能量"，进而推动着课程变革进一步落地，形成区域课程改革的瀑布模型(见图1)。

1. 区域层面：代表国家，推行"理想的课程"

区域层面如何以国家课程政策为依据，以学科课程标准为基础，整合性地推进"理想的课程"落地？课程是最重要的改革载体，区域课程改革必须立足实际，基于"五育并举"的要求，把对学校发展、教师发展以及学生发展产生影响的各种因素及

---

① (瑞典)胡森,(德)波斯尔斯韦特.教育大百科全书第7卷[M].重庆：西南师范大学出版社,2006：109.
② 姜椿芳.简明不列颠百科全书第7卷[M].北京：中国大百科全书出版社,1986：323.

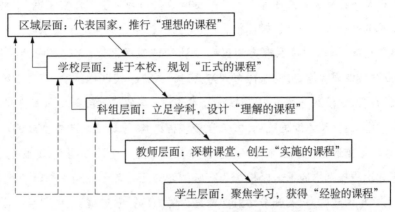

图1　区域课程改革的瀑布模型图

资源进行整合考虑,建构系统的区域课程变革框架。南昌市东湖区组织各层面专家学者以及校长头脑风暴,广泛听取意见,对区域课程改革进行了梳理和归纳,通过充分调查研究,出台了《南昌市东湖区教育科技体育局关于提升中小学课程品质的指导意见》。这是一份"理想的课程"如何落地的宣言书,该指导意见从意义、目标、重点工作和保障措施四个方面为区域课程改革提供操作性指导意见,其目标在于"实践导向、精细设计,以点带面、聚焦特色,整合力量、共同发展",优化工作机制,整合教研、科研、培训、督导等方面的力量,培育一批有推广价值的课程改革经验,促进区域课程品质整体提升;重点工作聚焦在完善课程体系,加强课程建设,改进课程实施,促进课堂转型,构建多元评价体系等方面;本着"先行试点、积极探索、逐步推广、全面推进"的要求,积极稳妥地推进中小学课程改革,提升学校课程品质。应该说,通过区域课程改革政策设计,系统规划了区域课程改革,提高了区域课程改革的理解力和设计力。

2. 学校层面:基于本校,规划"正式的课程"

学校层面如何立足本校实际,推进课程深度变革呢? 这一课程层级可以研制学校整体课程规划为抓手,规划"正式的课程",进而提升学校课程领导力。南昌市东湖区每所学校均以校长为核心组建学校课程领导小组。学校课程领导小组牵头研制学校整体课程规划,建立与学校内涵发展相匹配的课程体系,提升学校课程品质。学校整体课程规划关注以下七个关键问题:(1)分析学校课程情境,明确学校课程变革的家底;(2)确定学校课程哲学,把握学校课程变革的价值取向;(3)厘定学校课程目标,引领学校课程方向;(4)设计学校课程框架,建构学校课程体系;(5)布局学校课程实施,转变课程育人方式;(6)改进学校课程评价,提升学校课程品质;(7)探索学校课程管理,保障课程扎实落地。学校根据自身实际情况,以内涵发展为中心,通过整体课程规划,优化学校课程结构,设计适合学生发展的课程体系,有逻辑地推进学校课程变革。① 学校课程变革是一个不断研究、深化的过程,学校整体课程规划本质上是以校长为核心的领导团队关于课程的价值判断力、目标厘定力、框架建构力、实施推动力和管理保障力的探索过程,是课程领导团队通过研究系统规划"正式的课程"的过程。

3. 科组层面:立足学科,设计"理解的课程"

学校是有明确职能分工的科层组织,学科教研组是其中最重要的业务组织。学科教研组层面如何立足学科,设计"理解的课程",便是这一课程层级需要思考的问题。在南昌市东湖区,我们推进学校学科教研组研制学科课程群建设方案,促进教师理解课程的真谛,进入课程领域,发现课程的意义。立足学校与学科实际,学科课程群建设方案主要从以下六个维度进行设计:(1)确定学科课程哲学,把握学科课程价值观;(2)厘定学科课程目标,细化学科核心素养要求;(3)设计学科课程框架,活化学科课程内容;(4)布局学科课程实施,转变学科学习方式;(5)改进学科课程评价,提升学科课程品质;(6)探索学科课程管理,保障学科课程落实。实践证明,学科是中小学教师的专业家园,学科教研组组长是学科课程建设的带头人,是学科课程的主要决策者。通过学科课程群建设方案的设计,带领学科教师走进课程世界,在课程实践中不断建构分享型组织文化,是一所学校课程变革的一个重要维度。

4. 教师层面:深耕课堂,创生"实施的课程"

教师即课程,教师的课程理解决定着教师的教学行为。教师创生课程是专业自主权发挥的体现,是个性化教学生成的重要标志。有学者认为"教师即课程"有

① 杨四耕.学校课程变革的逻辑与深度[J].中小学教育(人大复印资料),2016(7):45－47.

两个内涵:其一,教师是课程的内在要素,是课程的有机组成部分;其二,教师是课程的创造者,创造课程是教师的责任。① 立足课堂教学,教师创生着最现实、最富有实践感的课程,也就是"实施的课程",其中包含师生关系在内的隐性课程、学科知识的经验再现课程以及拓展延伸的生成课程等表现形态。在南昌市东湖区,我们倡导教师从四个方面激活课程:一是培育课程敏感,让教师在课堂教学中,富有学科育人意识,有迅速捕捉课程资源的机智,充分发展课程的意义;二是提出教学主张,让教师把握学科本质,深化课程理解,对学科课程的理解,在一定意义上就是对学科本质的探寻;三是立足儿童成长,让课堂洋溢生命感,让课程成为给予儿童最重要的礼物,成为支持学生的创造和生长的资源;四是激活课程创生,在鲜活的教育情境中创生课程,践行"教师即课程"的美好追求。从静态知识观到生成课程观,从知识的预设到课程的创生,教师在课堂教学中充分发挥课程实施的主体创造性,实现对课程的情景性理解和把握,全面增值课程的育人价值,这就是"深耕课堂"的意涵,这就创生了"实施的课程"。

5. 学生层面:聚焦学习,获得"经验的课程"

"经验的课程"是学生实际体验到的课程,是儿童经验的改组和改造,是课程运行的最终归宿和效果落实。为了丰富学生的学习经历,促进儿童获得有价值的"经验的课程",在南昌市东湖区,我们强调以下四点。其一,准确把握学科知识的育人价值。学科知识是系统化的人类经验,有其特别的价值。我们倡导以生动的事实与学科知识有机结合的"课程微处理",让儿童从经验中学习,"行动就变成尝试,变成一次寻找世界真相的实验;而承受的结果就变成教训——发现事物之间的联结"。② 其二,实现学科知识和学生经验的全面联结。课程既包括静态的知识体系,也包括动态的学习过程,知识体系和经验世界共同构成了课程的风景,促进二者的融通是经验增值的途径。没有学生的经验活动过程,学科知识只是"死的符号",是没有意义的。其三,寻找课程内容与学生经验的最佳结合点。学科知识中的概念归纳、逻辑推理、事理演绎,都必须以学生的生活经验为基点,使学科知识贴近儿童

---

① 陈丽华.教师即课程:蕴涵与形式[J].课程·教材·教法,2010(6):10.
② (美)约翰·杜威.民主主义与教育[M].王承绪,译.北京:人民教育出版社,1990:149.

的生活体验,让知识逻辑变为学生可感的经验表达,促使琐碎的经验事实不断地向系统的知识逻辑发展。其四,引导学生进行真实的经验探索和评述。经验是具体的尝试过程,学生不能在被动静听中获得经验,只有在亲自"做"的过程中才能发展出真实的经验。教学要为学生提供经验探索的环境,引导学生主动尝试、积极求索,在发现问题和解决问题中获得经验,表述和评价经验的形成过程和成果。

综上所述,区域课程改革是镶嵌于上述五个"课程层级"中的若干不同主体、不同事件和活动构成的系统运作过程,由上至下构成了一个瀑布式课程推进模型。瀑布给人雄伟、壮观的印象,大家可以想象一下这样的画面:瀑布的上方有个储水池,溪流源源不断地往储水池注水,当池面水位达到一定高度,就会在水池边沿溢出,形成壮观的瀑布场景。溪水倾泻到瀑布底端后,又流进了一个储水池,当水面达到一定高度后又会溢出流入下一个水池,如此一层层往下流动,形成连续的瀑布场景。区域课程变革过程也像这样一个瀑布流,在每个"课程层级"都需要经历"储能"的过程,就像溪水流入每一个储水池,都需要时间积累和事件增值,当水位达到一定高度才发生溢出效应。

事实上,区域课程改革是通过设计一系列阶段性项目任务而展开的,从问题界定到需求分析,从项目确定到策略选择,从项目推进到评估反馈,每一个阶段的项目任务都有明确的内容,都会产生瀑布效应。课程改革项目进程从一个阶段"流动"到下一个阶段,逐步落实与推进,并溅起无数"浪花",形成整体"水幕"的过程,我们可以称之为瀑布式课程改革过程。[①] 从深层次看,瀑布式课程改革是课程政策由外部向内部、由宏观向微观、由理念构建向实践创新转换的关键所在,整个过程包含界定问题、需求定位、项目聚焦、策略选择、触点变革、项目推广、评估反馈等阶段。通过瀑布式推进,区域课程改革氛围可以浓郁起来,课程改革项目可以落地有声。

杨四耕

2020 年 6 月 18 日于上海市教育科学研究院

---

① 杨四耕.区域课程改革的瀑布式推进[N].中国教师报,2017-8-16(13).

目 录

儿童是教育的中心，教师为儿童而教，学科为儿童而设。培养有温度、有情操、有美雅气质，对生命永远充满期待的人，让每一个生命得到全面、自由、充分的发展是学科课程存在的价值。学科育人的终极价值就在于激发儿童对祖国的依恋之心，唤起儿童的疑问心，促使儿童对求知永葆热情；培养儿童强健的体能、协调的体质以及灵巧的动作；提高对美的鉴赏创造能力，健全高尚的人格修养；树立正确的劳动观念，掌握基本的劳动技能，将所学知识运用于实践中。关注学科育人价值，就是把学科教育活动聚焦到"为了儿童终身发展"上，关注知识技能背后的价值，思考学科对儿童全面发展的根本意义。

学科育人的多重境界，可从三个层面来达成：最底层以"双基"为核心，即以基础知识和基本技能为核心；中间层以"问题解决"为核心，也就是以在解决问题过程中所获得的基本方法和能力为核心；最上层以"学科思维"为核心，这一层面需要经过系统进阶的学习,通过对素养中基础知识建构过程的活动认识、体验、内化,逐步形成相对稳定的思考问题、解决问题的思维方式和价值观念。牢固把握学科教学的质和量,要从儿童的身心发展特点和所处的生活环境出发,把各学科所应具备的核心素养具体地落实到各学科的日常教学中,通过教学实践使儿童的行为发生变化,真正落实立德树人的教育目的。

第三章 ｜ **全景:** 学科育人的丰富内涵 　　　　　 / 079

学科课程是以人类文化遗产为基础组织起来的课程形态,它拥有独特的知识体系、固有的逻辑范式、相应的思维方式以及内蕴的文化架构。学科育人是以学科知识为载体,深入挖掘学科本身内在精神价值的过程。每个学科都有一套符号体系,这是学科最表层的东西。学科育人的关键在让学科符号与日常生活建立积极的联系,让儿童经历学科活动过程,理解符号内在的意义,引导儿童理解若干关键概念及相互之间的关系,把握学科思维方式,体验学科的思想方法。从学科教学到学科育人的转变,这是学科课程群建设的全部内涵。

第四章 | **全程：** 学科育人的立体过程

儿童的生活与学习是立体鲜活的，育人活动是全方位的，贯穿儿童学习与生活的点点滴滴，因此课程要切实加强学科的横向逻辑和纵向衔接，把跨学段整体育人和跨学科综合育人作为重要的任务。课程整体育人应把对儿童全面发展的总体要求具体化、精细化，进而贯穿到各学段，融合到各类课程当中，从而实现不同课程间的优化整合、全程优质育人的功能。在尊重差异的前提下，在儿童经验、学科知识以及社会生活中找出内在联系整合成有机整体，实现课程的横向组织。与此同时，重视课程的纵向组织，让课程要素在不同学习阶段予以再现，让儿童有机会重温和深化已经学习的主题和技能，既要按照逻辑顺序直线组织，也要按照渐次提高深度和广度的螺旋线组织，从整体角度为学生构建立体动态的课程系统。

第五章 | **全策：** 学科育人的多维方法

学科课程是学生学习发展的主阵地，也是学生生命成长的主阵地。"学习发展"和"生命成长"不是空洞的概念，而是具体连续、不断变化的过程。自主、合作、探究、体验、思辨、项目研究等学科育人的多维方法，通过教师的正确、科学、有效地启发、指导，引导学生充分发挥自己的主观能动性，善于合作学习，并乐于进行更深层次的探索研究，从而养成良好的心理素质和学习品质，学会学习，学会做人，学会生活，拓展生命的长、宽、高，筑造生命的精神家园。

第六章 | **全力：** 学科育人的主体参与　　/　175

学科育人必须有教师主体参与，才能全面地推动课程的实施。从这种意义上说，教师即是课程，教师是课程的研究者、设计者、实施者和评价者。教师的素质决定了课程资源的识别范围、开发与利用的程度以及发挥效益的水平。于是，动态的、鲜活的课程决定了教师角色将重新建构，从课程方案的被动接受者与执行者转变为具有主动精神的课程实施者、生成者、发展者。教师在教学实践过程中明晰出个性鲜明的课程主张，通过课程理解释放课程理性的"符号表征"，再现预设的课程设计，不断创生、重组课程的内涵。根据课程效果进行恰当的课程拓展，再推动课程实施，呈螺旋性上升的课程内容不断完善，形成系统而全面的课程评价。

前　言

课程育人的优雅诗篇

　　《左传·襄公二十四年》："太上有立德,其次有立功,其次有立言,虽久不废,此之谓不朽。"这"三立"已把人生价值标准精确定位。立德是立功、立言的基本前提,而立功、立言是立德的自然结果。因此,"立德树人"是教育的根本,也是教育的终极目标。2014 年,《教育部关于深化课程改革落实立德树人根本任务的意见》提出:"立德树人是发展中国特色社会主义教育事业的核心所在,是培养德智体美全面发展的社会主义建设者和接班人的本质要求。"①德育为先、能力为重,全面发展的教育理念得到普遍认同。全面深化课程改革,建立健全综合协调、充满活力的育人体制迫在眉睫。2019 年 6 月中共中央、国务院印发的《中共中央国务院关于深化教育教学改革全面提高义务教育质量的意见》提出的"五育并举"其核心内涵诠释了育人目标:全面提高义务教育质量,发展素质教育,培养德才兼备的有用人才。意见中再次强调要树立科学的教育质量观,深化课程改革,构建德智体美劳全面培养的教育体系,健全立德树人落实机制。

　　从国家颁布的一系列教育方针、政策中,我们充分认识到全面深化课程改革、落实立德树人根本任务的重要性和紧迫性。课程是教育思想、教育目标和教育内容的主要载体,集中体现国家意志和社会主义核心价值观,是学校教育教学活动的基本依据,直接影响人才培养质量,也是一所学校落实育人质量和提升办学品质的出发点和落脚点。② 深化课程改革就是要全面贯

---

① ② 中华人民共和国教育部.教育部关于全面深化课程改革落实立德树人根本任务的意见[Z].2014-4-24.

彻党的教育方针,改革、调整基础教育的课程体系、结构、内容,构建符合素质教育要求的课程体系、模式,完善适合"全人"发展的课程内容及评价方式,更好地落实立德树人的根本任务。学科课程是"舟",育人价值是"帆",学科与育人是本然统一的整体。学科育人乘风破浪,扬帆启航,合力完成"立德树人"这一根本任务。因此,学科育人是"立德树人"的最佳途径,也是唯一途径。学科育人正是置于立德树人的根本任务之下,才会有更宏大的背景、更深远的意义、更理性的框架,也才能从整体上让其他学科发生关联,进而形成最优化的动力,为培养担当民族复兴大任的时代新人这一根本任务而共同努力。我们以学生为中心,以立德树人为目标,致力于整体规划、规范学科课程,让学科育人的各个环节的教育功能发挥最大功效,整合利用各种教育资源,统筹协调学校、家长、社会各方力量,全景育人、全程育人、全策育人、全力育人,实现育"全能"式"全人"的中国教育梦,谱写学科育人的优雅诗篇。

南昌市豫章小学,始建于 1960 年春,1971 年命名为南昌市豫章路小学,曾是江西省委子弟小学。2007 年 11 月,长巷小学并入,形成一校两部的格局,更名为南昌市豫章小学。2018 年 8 月,爱国路小学并入,成立南昌市豫章小学教育集团。目前学校拥有三个校区,共有 71 个教学班,3 793 余名学生,199 名教师。学校以"和雅豫章,尚雅人生"为办学理念,以教风严、学风正、成果多而享誉省内外。学校先后荣获中国教育学会中小学整体改革专业委员会实验基地校、全国红旗大队、全国优秀少先队集体、全国读书活动先进单位、全国信息技术创新与实践活动先进单位、全国"双有"教育活动先进单位、全国"手拉手图书传真情"活动先进单位、全国中小学图书馆先进集体、全国消防安全教育示范学校、全国科技教育创新优秀学校、全国国际象棋特色学校、全国青少年校园篮球特色学校、全国青少年校园足球特色学校、全国中小学中华优秀文化传承学校、江西省中小学教育教学研究(德育)实验基地校、江西省小公民道德建设示范基地、江西省"十大和谐校园"、江西省人民群众满意学校、江西省教育系统"规范管理年"先进单位、江西省现代教育技术示范学校、江西省文明单位、江西省"模范职工之家"、江西省师德师风先进集体、江西省师德师风示范校、江西省依法治校示范校、江西省文明校园、江西省少先队工作示范学校、南昌市名校等荣誉称号。

南昌市豫章小学探索课程改革的脚步从未停歇。学校先后承担过国家级实验课题《"和雅豫章·尚雅人生"——豫章小学雅文化创建的行动研究》、"十二五"省级课题《新课标形势下小学英语网络作业形式探究》,学校被评为《纵横信息数字化学习研究教学实验》总课题"优秀探索实验先行示范校",课题《多维互动阅读——网络校本课程的开发与实施》被评为全国教育技术研究"十一五"规划课题优秀研究成果,《"和雅豫章·尚雅人生"——雅文化创建策略研究》获江西省基础教育教学成果二等奖。《新闻联播》、《人民日报》《光明日报》、新华网、中国文明网等多家媒体对学校课题研究工作及成果进行报道。春华秋实,硕果飘香。豫章小学以幽雅的校园环境、文雅的学生群体、儒雅的教师队伍,构建和雅温馨、清雅有序、高雅大气的特色名校。南昌市豫章小学围绕"立德树人"这一教育终极目标,将不断传承、创新、发展、超越,奏响课程改革新华章。

一、 课程哲学与学科育人的价值追求

学校教育哲学孕育着课程哲学,给予课程哲学生命及灵魂;课程哲学滋养着学校课程,是学校课程的"指南针",决定着学科育人的价值追求。学校教育哲学是一所学校信奉、追求的教育理念,是学校发展过程中提炼出的学校发展观和方法论,是学校文化最本质的概括,其主要表现为学校的使命、愿景和目标。[①] 课程哲学要根据学校使命和发展定位来确定,是学校教育哲学在课程发展观上的具体体现。学校教育哲学指引着课程哲学的探索方向,课程哲学决定着学校课程的价值取向,学校课程是课程哲学的具体物化结果,进而也映照着学科育人的价值。学科育人价值以课程哲学为"硬核",围绕学

---

① 樊亚峤.学校教育哲学:校本课程发展的灵魂[J].现代教育管理,2009(7):20—23.

科目标不断明确且丰盈,由指向儿童个体精神发展的全部学科来实现。在课程哲学的引导下,实现学科育人价值的最高追求,即提高儿童对自我个性与人格的认识,发展其理想与信心,在现实中践行生命自觉意识,让儿童的身心得到全面、和谐、持续发展。

学科育人质量的核心是完整的人的生成。"全人教育"是一种整合以往"以社会为本"与"以人为本"的两种教育观点,形成既重视社会价值,又重视人的价值的教育理念。[①] 联合国教科文组织在《学会生存——教育世界的今天和明天》一书中提出了教育的四大支柱——学会做人、学会做事、学会学习和学会与他人共同生活的终身教育思想。[②] 教育的最终目的是要把一个人在体能、智力、情绪、伦理等各方面的因素综合起来,扩展到人的整个一生,使人变成他自己,成为"完人"或"全人"。学科育人的目的就是使学习者在学习学科知识和发展学科能力之外,在心智能力、情感态度、思想品德、社会责任等多方面都得到发展和提高,奠定学生终身发展的基础,让生命向阳,蓬勃地成长,成为"全人"。

我们认为,美是教育的终极尺度,雅是教育的实践情怀。对正气、美好、优雅的追求是学校教育的永恒使命。

美是道德纯洁、精神丰富和体魄健全的有力源泉。美育是一种修养人性、提高人生质量、增强文化底蕴的教育。美育的真正内涵,就是价值引导和自主建构的统一。从学生的成长过程来说,是精神的唤醒、潜能的激发、内心的敞亮、主体性的弘扬和个性的彰显;从师生共同活动的角度来说,是经验的共享、世界的融合和灵魂的感召。[③]

雅是一种个人修养的提炼,是人生从容淡然的境界,是心境磨砺后的成熟、睿智。"雅"可以使学校成为人文精神的殿堂、时代脉搏的母体、社会竞争力的胚胎以及释放能量的舞台。

---

① 郝显军.深化理念　研究实践　优化"全人教育"[J].北京教育(普教版),2013(4):23—24.
② 质先.学会生存——教育世界的今天和明天[J].北京成人教育,1983(4):29.
③ 周颖.映日荷花别样红——读《教育的使命与责任》有感[J].江西教育(管理版A),2008(1):47—48.

因此,学校将"美雅教育"确立为学校教育哲学。从学校长远发展的角度看,"美雅教育"具有统御学校办学特色的历史穿透力,具有比较强的概括力和比较宽广的提升空间。在我们看来,"美雅教育"是以儿童学识臻美、情趣尚美,举止优雅、品质高雅为中心的一种教育,是源于培养儿童对生活中美好事物的喜爱、追求,并融合于生命底蕴的教育。学校在实施"美雅教育"中,大力推行"美雅"理念,展现"美雅文化"的力量,让学习成为学生的"美雅之旅",为优美而典雅的人生奠定基础。因此,我们形成了以下教育信条:

我们坚信,美立德,雅立才;

我们坚信,美正人,雅正己;

我们坚信,仁者美,智者雅;

我们坚信,美是诗,雅是歌,宁静致远;

我们坚信,美是花,雅是茶,沁人心脾;

我们坚信,美是酒,雅是泉,甘甜醉人;

我们坚信,美是教育灵魂,雅是教育的气质。

基于"美雅教育"之哲学,学校提出"以美育美,以雅育雅"的课程理念。

这意味着——

1. 课程即美的体验。苏霍姆林斯基说:"没有美的教育,就不可能有完整的教育。""美育教会儿童看出精神的高尚、善良和诚恳。"他认为,美能磨炼人性。儿童不是成人的复制品,而是具有独特的生理、心理特点的个体。教育者不能从同一个角度评价所有的人,而应正视并尊重个体存在的差异,鼓励个性的充分展现,最终实现教育对象的自由、和谐、多元发展,创造"和而不同""各美其美""美美与共"的美好教育境界。[①]

2. 课程即雅的浸润。从儒雅中常能闻得墨香,听得琴音,见到笑颜。儒雅之气长于正直之心,受传统文化之滋养,附于真善之言行。[②] "美雅课程"是儿童全面发展、健康成长的途径和载体,课程设置是否全面、科学、规范,直

---

① 郝文秀.教育路上的追梦人[N].通辽日报,2019 - 3 - 18(12).

② 陆枋.小学校　大雅堂——四川省成都市实验小学的"雅教育"[J].人民教育,2008(23):51—53.

接关系到学生对于课程的习得成效。高雅的琴棋书画等艺术表现形式融于课程之中,给学生带来快乐的体验和雅的历练。

3. 课程即向美奔跑。美的课程应来源于生活,并从生活中不断丰富,获得向美奔跑的动力。课程不光要培养一个人的生活技能,增加其知识储备,更重要的是安顿其灵魂,并使其灵魂变得高尚。[①] 课程应该是一段美好的人生之旅。儿童只有拥有辨别美、品味美、创造美的能力,有一颗"向美"的心,才能处处发现生活的美趣,感悟生活的美好,才能学会过幸福而美好的生活。

4. 课程即向雅迈进。雅是外在的形式美和内在精神美的高度融合。在学校课程中,科学是雅的根基,文学是雅的底蕴,艺术是雅的羽翼。通过课程的浸透,"美雅学子"将会成为"形象典雅、谈吐文雅、举止优雅、学识博雅、志趣高雅、气质儒雅"的公民。

南昌市豫章小学为了让学生各方面能力得到发展,通过"美雅课程"的开发和实施,设计了一系列适切的课程群,让学生的成长既呈同心圆分散状,又呈多元延伸树状势态,向"美雅"进发。这些课程构筑起豫章"美雅教育"体系,实现"美雅"对学生的全方位浸润。润物无声之中,"美雅"渐渐印刻在豫章人的灵魂深处,成为学校一张靓丽的名片。

学校课程哲学像学习殿堂的基石,学科育人价值像学习殿堂的支柱,共同支撑着每一位学生的健康成长。学科育人让儿童在学科学习中有人生价值的经历,在价值经历中不断进行价值选择、舍弃、澄清,接受价值教育和引领,解开对价值的困惑,培育基本的正确价值观,让生活充满幸福,让生命充满意义。我们遵循儿童成长之道,回到教育最初的起点,回到人性本身存在的源头,尊重每一个生命化蛹成蝶过程。我们在健全人格的基础上,给儿童以完整人格的滋养,使儿童能面对现在和未来的各种挑战,让个体生命潜在的能力得到自由、充分、和谐、全面地发展。

---

① 耿静.论中学美育的缺失及应对策略[J].读写算(教师版),素质教育论坛,2011(9):50—51.

二、 课程目标与学科育人的多重境界

学科育人,"除了学科领域的知识以外,从更深的层次看,还应该为学生认识世界和解决问题提供独特的视角、思维的方法和特有的逻辑"。[1] 学科育人映射课程目标,才会有大视野、大格局;有学科育人的支撑,课程目标才得以落实。多维度课程目标是学科育人价值的体现与追求。人的一生会经历很多阶段,学校教育只是一个阶段。如果学科课程育人价值只包含知识学习,而忽略"学会生活、学会做事、学会生存"内容的映射,就很难培养一个人的责任感、使命感和权利义务观,会与教育的境界、理想和追求发生偏差,甚至背道而驰。[2] 任何课程都由知识与技能、过程与方法、情感态度与价值观这三个层面的要素构成,并由这三个层面的要素交织构建完整的课程体系。我们可以立足于课程,通过教学改革,注重学习过程的愉悦、与人交往的和谐、自我良好品格的养成,实现立德树人、知识传授、思维拓展的多赢,达到学科育人的多重境界。在学习过程中,学生习得的知识、培养的能力、体验的感悟,将融入学生的生命,合成属于自己生命绚丽的色彩,促进他们的可持续发展,成为"全能"的公民。

学校课程是为实现育人价值服务的。因此,"美雅课程"的价值追求在于培养日有所长、情有所爱、慧有所托、志有所远、体有所健、行有所美的学生,不断向着最美好的自己靠近。

1. 日有所长,情有所爱——豫章学子的仁者形象。爱国爱家、诚信礼貌、自尊自律,勤于学习、乐观向上、喜欢创造。

2. 慧有所托,志有所远——豫章学子的智者形象。聪明智慧、自强自立,不卑不亢,兴趣广泛、自主自信,志向远大。

3. 体有所健,行有所美——豫章学子的强者形象。身心健康、体型协

---

① 倪娟.教学行为的转变和创新——兼评何建平执教的"化学反应速率"一课[J].江苏教育(中学教学版),2014(30)：42.

② 吕庆生.构建特色育人体系解决育人问题[J].中国教育学刊,2017(8)：103.

调,开朗活泼、明辨善恶,关心他人、适应力强。

基于此,学校将"美雅课程"分年段设置了具体目标。(见表1)

表1　南昌市豫章小学"美雅课程"分年段目标

课程目标 ＼ 年段目标	低年级	中年级	高年级
日有所长 情有所爱	培养学生文明礼仪,培养良好的学习及生活习惯,自己的事情自己做。学会观察自己的生活环境,初步学会遵守校规,形成爱班级、爱学校、爱父母、爱老师的真实情感,具有有礼貌讲文明的意识。	初步养成孝敬父母、尊敬老师、团结友善,与同学和睦相处;讲究卫生、勤俭节约、遵守纪律、文明礼貌的良好行为习惯。逐步培养良好的意志品格和乐观向上的性格,形成爱学校、爱社会的情感。	通过丰富的实践活动,获得丰富多彩的学习体验和个性化的创造表现,培养学生爱祖国、爱家乡、爱校园的情感,学会关注社会的现状与发展,成为"美雅小少年"。
慧有所托 志有所远	通过读写绘的训练,基本养成听说读写的良好习惯,学会倾听、表达与交流。初步学会文明地进行人际沟通和社会交往。借助新颖丰富的游戏,让每一个孩子徜徉在数学课程的天地里,感受到数学之趣。通过趣味数学故事,了解数学历史知识。	培养爱阅读,谈吐得体的学生。通过经典阅读推荐、国学经典诵读,引导学生在大量的阅读实践中,学会阅读方法,形成阅读能力,养成阅读习惯。通过主题鲜明的实践活动、底蕴深厚的数学文化,让学生尽享数学的美妙,主动进行探究性学习。学会与他人交流,在交流中体验英语学习的快乐。	利用赣文化感受特有的"落霞与孤鹜齐飞"的情怀,让学生品味母语的厚重与韵味,得到精神和文化的双重提升。选用合理灵活的计算方法,化繁为简,化难为易,提高学生的发散性思维能力,培养学生的数感及解决问题的能力。把英语作为一门交流的工具,在日常生活中学以致用。

续　表

课程目标＼年段目标	低年级	中年级	高年级
体有所健 行有所美	认识自己身体各部分，学会欣赏自己，保护自己的身体；学会表达自己遇到的困难，并会去找其他人帮助；培养有规律的生活作息和个人专长。激发热爱艺术、学习艺术的热情。通过形式多样的方式来多方面了解身边的科学小知识，培养动手和运用工具的技能。	认识个人的能力、优点及接纳自己的缺点，有保护自己的意识；初步培养组织能力、吃苦耐劳的意志品质及团结合作的集体主义思想。坚持以美育人，加强合唱欣赏，有美的感受。注重培养科学精神、实践创新能力和科学素养，能独自或以小组合作的形式开展一些小发明、小创作，切实提高自己的信息素养、创新思维和实践能力。	认识压力的来源，掌握解决问题和压力的方法及技巧；注重培养自己的组织能力、吃苦耐劳的意志品质及团结合作的集体主义思想，增加抗挫折能力。培养自己高雅的情趣，陶冶高尚的情操，个性得到充分张扬，享受艺术带来的乐趣。能运用所学的科学知识解决问题。培养自己探究性学习的兴趣和团队合作的精神。

三、 课程框架与学科育人的丰富内涵

　　课程框架是从学校课程整体出发，高屋建瓴地把课程目标转化为学科育人的"蓝图"，是课程体系的"课程立交桥"。[①] 一个规范的课程体系主要由特定的课程目标、课程内容、课程结构和课程活动方式所组成，是学校课程全貌呈现出的"微缩景观"。这一多元交叉系统，把国家、地方、学校

---

① 李颖.运用多元智能理论建构学校课程体系[J].现代教育科学,2004(2)：2—30.

等各级各类课程纳入其中,不削弱学科特性的同时打破学科之间的壁垒,均衡各学科内容选取的比例关系,协调必修课与选修课、分科课程与综合课程的搭配等,形成了一个多维度立体式的课程建模。学校再因地制宜,寻找各级各类课程在目标、内容、资源等方面的契合点、共通点,既相互独立,又互为补充,实现课程整体的贯通与融合,构建多维度课程立体的育人空间,共同致力于学校教育的优质化发展。课程框架中的每一门课程都有独立性和互补性,各门课程像一块块拼图一样勾勒出学科育人最美的全景。

首先,课程结构育人。课程实施活动顺利开展的凭据就是课程结构,它决定着课程的品质,能将课程目标转化为教育成果。学校在宏观把握教育目标的基础上,在三级课程管理体制不变、国家课程设置不变、学生发展基础目标不变的前提下,提高课程实施质量,构建学生发展所需的、具有学校特色、融显性课程与隐性课程为一体的课程体系。[1] 通过课程结构设置与实施过程中的有机融合,为课程育人创造必要的外部条件,实现学生情志与认知的共同发展。南昌市豫章小学以"多元智能"理论为指导,分析不同学生发展领域的特点,设计既有共性,又有个性的教育,并提供适合展示的舞台,找到学生最佳能力发展区,使他们和谐发展,享受到学习的快乐,成为美雅的豫章学子。学校课程以"万花筒"的结构为框架,围绕"美雅"的"准心",分为雅德课程、雅言课程、雅思课程、雅趣课程、雅创课程、雅健课程六大类,其结构如下图所示(见图1)。

雅德课程:培养爱祖国,举止文明的学生。让学生积极参与活动,初步养成良好的行为习惯,逐步培养学生良好的意志品格和乐观向上的性格,能进行个性化的创造表现,获得丰富的学习体验,厚植道德情怀,成为"美雅小少年"。

雅言课程:培养爱阅读,谈吐大方的学生。在大量的语言文字实践活动

---

① 丰际萍,杜增东,李梓.学校课程体系建设的研究与实践[J].当代教育科学,2011(14):33—35.

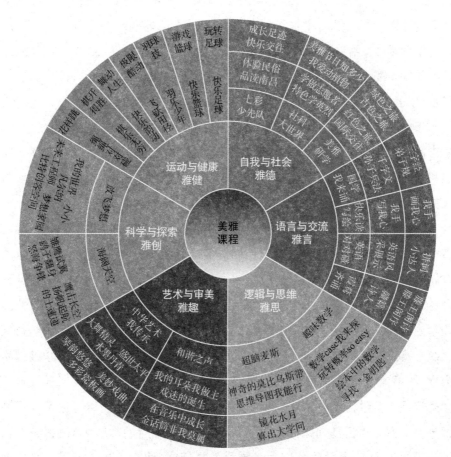

图 1　南昌市豫章小学"美雅课程"结构示意图

中,学生掌握各种阅读方法,具备阅读能力,养成阅读习惯。在英语交流中体验英语学习的快乐,在日常生活中学以致用。

　　雅思课程:培养爱思考,多角度思维的学生。让每一个学生感受底蕴深厚的数学文化,培养理性的思维,感受数学内在的美妙,享受数学独特的乐趣,培养学生的数感及解决问题的能力。

　　雅趣课程:培养爱艺术,情趣高雅的学生。坚持以美育人,培养多种兴趣,充分发挥艺术在提高学生审美能力,提升人文素养方面的独特作用,使学生活泼开朗,朝气蓬勃,个性得到充分张扬,享受艺术带来的乐趣。

雅创课程:培养爱探索,求真求知的学生。注重培养学生科学素养,提高实践创新能力,用科学思维解决问题,设计各类科学探索活动,让学生亲近科学、爱上科学,运用所学的知识解决问题。

雅健课程:培养爱运动,身心健康的学生。注重培养学生吃苦耐劳的意志品质及团结合作的集体主义思想。正确认识压力的来源,掌握解决问题和释放压力的方法及技巧,有健康的心理,增加抗挫折能力,能快乐地与人交往。

其次,课程内容育人。课程内容根植于社会文化,并孕育其中。它会随着社会文化的发展,而不断调整、更新内容。课程内容的设置以课程哲学为"圆心",始终以学生成长为出发点,关爱和尊重每个学生的个体生命,将课程内容与学生个性发展的主体需求相关联,进行实质性拆分、重组、融合,并按照学生心理发展的特点来组织课程内容,通过各学科的相互联通,让学科间的综合育人功能形成合力,从而实现"全科育人"的整体育人目标。学校以生为本,为确保课程能有序、高效地实施,大胆实践与探索,对学校课程设置和学生选课制度进行了改革。"美雅课程"设置为普及型课程和特色型课程两部分。一方面保证基础课程进课堂,每节课都有相应的教学内容;另一方面则根据学生需求,灵活优化特色型课程教学模式,建立了选课制度。具体设置见下表所示(见表2)。

总之,课程结构犹如契合紧密的"骨架",支撑着整个课程内容的互动,确保育人目标实现。为了实现学生的"全人"发展,基于"美雅教育"哲学,贯穿"以美育美,以雅育雅"的课程理念,学校构建起国家、地方和校本课程为一体的"三融合"课程体系,其科学规范的课程结构和丰富多元的课程内容,提高了课程育人质量,培养了德才兼备的豫章学子,实现了育人效益的最大化。

表 2　南昌市豫章小学"美雅课程"设置表

课程名称	项目类别	一年级	二年级	三年级	四年级	五年级	六年级
雅德	普及型	成长足迹 美雅节日知多少 ……	快乐交往 我爱动植物 ……	走进经典 交通小达人 ……	体验民俗 特色学英烈 ……	品读南昌 快乐学军旅 ……	绿色环保 学做志愿者 ……
	特色型	绿色之旅 ……	绿色之旅 ……	古色之旅 ……	古色之旅 ……	红色之旅 ……	国际交往
雅言	普及型	三字经 ……	弟子规 ……	诗词如歌 ……	千字文 ……	论语 ……	增广贤文 孙子兵法 ……
	特色型	我手画我心 ……	我手写我心 ……	乐乐拼 ABC 滕王阁序	拼词小达人 滕王阁序	节日文化 赣籍诗人	英语风采展示 赣鄱文化 ……
雅思	普及型	绘本中的数学 ……	数学文化之旅 ……	寻找"金钥匙"（速算巧算）	玩出新学问 ……	数学 case 我来探	玩转概率 so easy ……
	特色型	镜花水月 ……	争分夺秒 ……	算出大学问 ……	神奇的莫比乌斯带 ……	思维导图我能行 ……	进制大变身

续　表

课程名称	项目类别	一年级	二年级	三年级	四年级	五年级	六年级
雅趣	普及型	推开妙音之门	在音乐中成长 ……	"金话筒"非我莫属 ……	变幻的音符世界 ……	我的耳朵我做主 ……	戏迷的诞生 ……
	特色型	琴韵悠悠 ……	美妙戏曲 ……	多彩瓷板画 大舞精灵 ……	多彩瓷板画 大舞精灵 ……	多彩瓷板画 大舞精灵 盛世太平 ……	多彩瓷板画 盛世太平 水墨丹青 ……
雅创	普及型	雏鹰试翼 ……	鹰击长空 ……	鹞子翻身	扬帆起航	怒海争锋	的士速递 ……
	特色型	我的世界 ……	小小凡尔纳 ……	梦想家园	比特创客空间	未来工程师	I'm Robot
雅健	普及型	快乐跳 ……	快乐跳	带带跳	带带跳	花样跳	花样跳
	特色型	"棋"开得胜 羽球乐 足球对对碰	"棋"开得胜 羽球乐 足球对对碰	"棋"开得胜 舞动人生 炫舞精灵	"棋"乐无穷 动感天使 极限酷动	羽球竞 活跃篮球 玩转足球	羽球竞 对抗篮球 玩转足球

四、 课程实施与学科育人的立体过程

儿童需求是课程的核心。孩子们需要什么、喜欢什么,就给他配什么样的课程,这是学校课程建设的人学逻辑。学校课程变革的一切均需从这一点出发。围绕学生,聚焦学习,提升学力,是学校课程变革的中心任务。[①] 课程实施是诠释育人目标动态立体的过程,也是学生主动探求知识、滋养心灵的过程。一切有目的、有计划的学校教育活动皆是学科课程,它不仅包括学校的学科教学活动,还包括影响教育活动的各种因素。学校课程的整体构建,就是要把儿童、学习内容、时间、空间等多维视角有机搭建,通过以育人目标为统领的整体规划,以核心素养为导向的学科统整,以多元选择为方式的学习形态,形成基于学校教育哲学、符合儿童成长需要、遵循学科认知规律和适应社会发展需求的课程体系。课程实施以网状模式向四周伸展,辐射到学科育人的每个过程,"全程育人"有效地保证了育人目标落到实处。

课程实施体现了对课程理念的贯彻与执行,这就要求学校要创造各种条件为学生开设更加丰富的、民主的、人性化的课程学习内容和学习环境,满足学生的喜好和需求,积极引导学生与课程对话,在系统、全面、呈阶梯式上升的课程中获得进步与成长,使之成为具有独特智能品质的新一代公民。英国课程学者斯基尔贝克在对具体的学校情境进行微观层面分析的基础上,构建出了学校课程研制模式。这种模式由五个具体阶段构成: 分析情境、拟订目标、设计方案、实施方案、评估与评价。[②]

根据斯基尔贝克课程开发"情境模式"的基本做法,南昌市豫章小学从"美雅课堂""美雅学科""美雅社团""美雅节日""美雅之旅""美雅行动""美雅空间"七方面综合践行"美雅教育",实施"美雅课程",进行课程评价,让每个孩子品正业勤、文质彬彬、心灵手巧、生气勃勃。

---

①② 杨四耕.首要课程原理: 学校课程发展的整合性架构[J].江苏教育,2019(59): 8.

（一）建构"美雅课堂"，落实学科基础课程

德国教育家斯普朗格曾说过："教育的最终目的不是传授已有的东西，而是要把人的创造力量诱导出来，将生命感、价值感唤醒。"[①]课堂就是实现这一美好过程的空间。学校"美雅课程"包括普及型课程和特色型课程两个部分，在课堂上呈现丰富多彩的课程内容，为学生各方面发展提供更多的选择，在自主、合作、创新、激励的课堂中，让学生呈现多元发展的状态，推进"美雅课堂"的落实。我们以"美雅"的音序"MY"衍生的不同含义提炼出"美雅课堂"的学习方式。

1. 自主。"MY"即"我"。教师教学的对象是一个个不同的"我"。教师要积极引导学生充分参与课堂，利用评价策略来帮助学生培养自我价值感，养成学生主动参与、乐于合作、勤于实践的习惯，树立学生的批判意识和质疑意识，鼓励学生进行富有个性的理解和表达，帮助学生掌握学习的方法。

2. 合作。"MY"即"me + your"。"我的"加"你的"。教师要营造一个轻松、愉快的课堂氛围，以共同的兴趣爱好使学生聚在一起朝着一个目标努力，使之充分交流、资源共享、融汇思维，从而达到 $1 + 1 > 2$ 的目的。我们提倡学科与学科之间的融合，让学生在不同学科间寻找自己需要的、有效的信息。在课堂内外，学生分组合作，自主寻找合作对象，合作探究问题，共同完成学习任务。

3. 创新。"MY"即"magical + yielding"。"有魔力的"加"柔顺的"，就是创新。"美雅课堂"是不断创新的课堂。在这里，学生的天性得到自然伸张、个性得到自由发展、创造得到充分展示。

4. 激励。"MY"即"magnanimity + yea"、"宽容"加"赞成"。"美雅课堂"是注重激励式教学评价的课堂。教师要善用激励性评价激发学生的学习热情，增强学生学习的动力，鼓励学生以饱满的激情投入到学习中去。

---

① 王晓慧.基于性格优势的高职生积极发展策略探究[J].职教论坛,2017(17)：14—18.

　　"美雅课堂"的评价是促进学生全面发展的评价体系,不仅要关注学生的学业成绩,而且要发现和发展学生多方面的潜能,了解学生发展中的需求,帮助学生认识自我,建立自信。学校的评价体系有多元化的评价主体,其以教师自评为主,校长、学生、家长共同参与,使教师获得来自不同渠道的评价反馈,从而不断提高教学水平。[①] 具体评价细则如下表所示(见表3)。

表3　南昌市豫章小学"美雅课堂"教学评价表

指标	标 准 解 读	效果
自主 30分	1. 将课堂自主权还给学生,倡导个性化、多样化学习,运用自主学习、合作探究、多元互动、和谐共生等多种学习方式。	
	2. 有开放的教师观和学生观,最大限度地了解学生学习中遇到的问题,并对问题进行梳理归纳,聚焦问题。	
	3. 学习目标紧扣课标和学段要求,体现教材特点,切合学情,让不同层次的学生学有所长,达到自我完美。	
	4. 学习目标问题化,以明确的学习任务作为启动和组织学生学习活动的操作把手,激发学生探究新知的热情。要给学生足够的自主学习时间和互动的交流时间。	
合作 30分	1. 用问题引领、指导学生探究,学生自主探究时间充分。	
	2. 教师参与学生的探究活动,能兼顾到各个层面的学生。	
	3. 学生参与展示交流时,态度积极,参与面广,参与度深。	
	4. 学生在自学和展示的过程中,体现合作、探究、实践、质疑等学习方式;学生能够恰当评价;教师进行适时引导,关注有效生成,问题获得解决。	

---

① 中华人民共和国教育部.基础教育课程改革纲要(试行)[J].云南教育:小学教师,2002(S1):3—6.

续　表

指标	标 准 解 读	效果
创新 30分	1. 善于引导学生主动学习、合作学习,敢于质疑创新,指导具有针对性、启发性、实效性。	
	2. 善于抓住课堂生成,迅速、准确地作出判断,智慧地采取行动。	
	3. 根据年段特点,以学定教,优化教学设计,能激发学习兴趣,培养思维品质。	
	4. 教师善于引导、鼓励学生进行质疑,培养学生的质疑能力。学生在课堂中敢于质疑,并表现出一定的质疑能力。	
激励 10分	1. 在目标的达成程度及实现的方式方法上,尽可能照顾到学生的个性差异,尊重学生的心理需求,通过激励的方式促使其能进行知识意义的主动建构。	
	2. 评价及时、准确,富于个性化,能够包容、激励。	
	3. 评价方式多样,给予学生自信,保持学习的积极性。	
本课亮点及感受		

（二）建设“美雅学科”，落实学科拓展课程

学科设计是课程以科目为中心来设计课程的一种模式。它是传递文化遗产最系统、最有效的组织形式,是保存人类知识整体性的唯一组织形式。人—学科—价值联结在一起,就是“学科育人”。学科育人直抵学科教学的核心,揭示了学科的本质。育人永远是学科教学最高的、最终的目的。学校“美雅学科”的研发是“美雅教育”学科特色课程的实施途径,它是在基础型课程的平台上开发潜能、拓宽知识面、培养能力的课程,致力于为学生的终身学习打基础。学校学科特色课程是在国家规定的基础课程的基础上,由教师根据学校特色、自主研发的课程,最终形成了“1＋X”的课程群。“1”指一门普及型课

程,"X"指教师自主研发的基于儿童需求、指向核心素养的特色型延伸课程。

学校"1＋X"课程群从两方面入手打造:一方面通过挖掘学科内部或学科之间的逻辑来构建专业的学科课程群;另一方面充分利用地域特色来融合多门学科。① 教师根据对学科的独特理解、独特优势、独特资源,开发课程、打造特色课程群。学生可以在学科课程群中进行个性化学习。

1. "雅美语文"课程群将学生引领到优秀传统文学的精神圣地,了解地域文化,感受语文之美。

2. "智美数学"课程群通过生活化、游戏化、实践化的手段,拓展数学的智趣空间启发学生对生活中数学的感知,全方位感受数学的魅力。

3. "悦美音乐"课程群通过音乐课堂发现学生的艺术潜质,培养学生的音乐审美能力,激发学生对艺术的热爱之情,提高学生艺术修养。

4. "尚美英语"课程群通过由浅入深的方式,借助英语绘本、单词俱乐部、课本剧、英文演讲等平台,营造学习英语、运用英语的氛围。

5. "创美信息"课程群积极推行现代教育技术与学科整合,培养学生自主学习、主动探究、合作交流的学习能力,实现学习方式的转变。

6. "健美体育"让每一个学生都积极地参与到体育活动中来,学生可自主设计、创造练习形式,最少掌握两项体育技能,培养自信、收获健康与快乐。

评价是课程群建设与实施的保障。学校从以下五个维度建立完备的评估体系:一是学科课程哲学内涵丰盈、指向清晰,与学校教育哲学保持一致,体现学校的办学理念,并具有独特的学科特色。二是课程目标指向清晰。学科课程群目标依据学科课程标准及学校育人目标,围绕学科核心素养进行设置。三是课程内容丰富多维。学科课程群除规定的国家课程之外,拓展类课程应丰富多彩,以学生需求为主,为学生的全面发展搭建平台。四是课程实施科学高效。课程实施方法得当,措施有力,充分体现学生的主体地位,有利于学生兴趣的激发。教师教学效率高,教学效果好。五是课程评价规范全

---

① 任学宝.卓越校长的教研领导力:角色、职责和作为[J].人民教育,2019(23):71—75.

面。课程评价做到多元、全面,结合过程性评价和终结性评价,发挥评价的诊断和激励功能。具体评价细则如下表(见表4)。

表4　南昌市豫章小学"1 + X"课程评价细则

A级指标	B级指标	评 估 标 准	评估方式	权重	得分
课程哲学	课程哲学	课程哲学与学校教育哲学相一致。	查看课程方案	10%	
	课程理念	课程理念彰显学科课程特色,特色鲜明。		10%	
课程目标	课程总目标	总目标指向清晰,高于学科课程标准,与核心素养相对应。	查看课程方案	10%	
	分年级目标	年级目标与学生年龄特点相符合,设定科学、可行,具有层次性。	查看课程方案、学科课程纲要	10%	
课程内容	整体设置	课程内容丰富,整体设置具有逻辑性、有梯度、有难度。与课程目标相一致,暗含课程目标,内容与学生生活实际相结合。	查看学科课程纲要	10%	
	教材资源	教材准备充分,适合学生学习,资源丰盈,形式多样。	查看学科教材	5%	
课程实施	课时安排	课时安排合理,有一定的科学性。	查看学科课程纲要	5%	
	课堂教学	课程实施方法得当,措施有力,充分体现学生的主体地位,有利于学生兴趣的激发。 组织有序,指导学生运用探究、合作等方法。	现场观摩	20%	
	教学效果	学生知识技能明显提高,学生喜爱程度高。		10%	

续　表

A级指标	B级指标	评　估　标　准	评估方式	权重	得分
课程评价	评价激励	评价内容具体,措施方法得当,权重明确。	查看学科课程纲要及学生学业评价档案	10%	

（三）建设"美雅社团"，落实兴趣爱好课程

学生是一个个有着生命和思想的个体,以学生为中心的课程设计要以人为中心。教师要充分尊重学生的主体性学习地位,由学生自己决定学习的内容或参与的活动。因此,教师不仅要发现学生的兴趣是什么,还要帮助学生做出正确的选择。社团活动源于学生,它符合学生发展差异的要求,尊重学生的差异发展,不仅有效地弥补了中国传统课程无学校特色设置的不足,而且对学生的全面发展具有重要意义。社团的多样性,能让每位学生根据自己的兴趣、爱好进行选择,让儿童的个性得到充分的发展。

学校的课程结构就是由学习者的需要和兴趣来决定的。"美雅社团"是健全学生人格、体现"美雅教育"办学理念的重要载体之一,是学校特色课程体系的一个亮点。我们根据学生兴趣和特长情况,以走班为形式,分别设置了两个层面的社团课程。其一是"年级走班社团",又称"兴趣社团";其二是"校级走班社团",又称"特长社团"。①

"兴趣社团"是以年级为单位,组织学生选择自己喜欢的社团进行年级内的跨班学习,每周安排1课时。社团学习内容包括:美术、书法、合唱、模型、小记者、机器人、计算机、形体训练、英语、戏剧等。

"特长社团"即在"兴趣社团"活动的基础上,以学生自愿为原则,吸收学

---

① 杨四耕,李春华.课程群:学习的深度聚焦.面向碎片化课程的思维与工具[M].上海:华东师范大学出版社,2017:66.

有所长的学生进入相应的校级社团进一步学习。它是一个展示台,更是一个激励学生信心的窗口,重在为学生的特长发展和个性化发展创设条件,搭建舞台。社团学习内容包括:手工、泥塑、书法、合唱、建模、经典阅读、机器人、计算机、街舞、英语、小张衡社团、拉丁舞等。

　　各社团由学校教师自主申报,并通过校园网络、海报等形式介绍社团的宗旨、活动内容与目标、特色,吸引学生参与。在此基础上,学校加强社团的过程监管,建立《社团活动手册》,每学期通过活动记录和作品汇集进行管理和评价,从而进一步完善社团的组织架构。

　　"美雅社团"让多彩的社团活动成为学生身心发展、拓宽兴趣的平台,成为展示学生个性、内化能力的第二课堂。学校定期对"美雅社团"进行考核评价(见表5),让孩子们在兴趣潜能和综合素质的培养中,收获成长,获得快乐与自信。

表5　南昌市豫章小学"美雅社团"评价表

项目	"创优社团"指标	得分	评估方式
社团机构与管理	1. 社团管理体制完善,机构设置合理,制定符合学生实际的社团建设实施方案。		1. 实地查看 2. 材料核实 3. 师生座谈 4. 活动展示
	2. 建立、健全并严格执行社团各项规章制度。		
	3. 社团会员人数适合,规模适度,成员资料档案齐全。		
	4. 指导教师认真负责。		
	5. 学生社团要突出学生的主体性和创造性,使学生在社团活动中自治自理、健康发展。		
	6. 社团活动空间固定,环境良好,有相应的文化建设。		

续　表

项目	"创优社团"指标	得分	评估方式
活动组织和开展	7. 经常和定期开展社团活动,组织有序、记录完善。		
	8. 社团活动内容丰富,形式多样,体现实践性和综合性,有利于培养和锻炼学生多方面的素质,再现和表现校园文化精神。		
	9. 社团成员或集体活动成果显著。		
	10. 活动取得良好的教育效果,在学生中有一定的影响。		

（四）创设"美雅节日",落实节庆文化课程

派纳说:"学校课程的宗旨在于促使我们关切自己与他人,帮助我们在公共领域成为致力于建设民主社会的公民,在私人领域成为对他人负责的个体,运用智力、敏锐和勇气思考与行动。"在这里,"课程不再是一个事物,也不仅是一个过程。它成为一个动词,一种行动,一种社会实践,一种私人的意义,一种公共的希望。"[1]学校把文化融入课程,让思想的光辉映照出课程美好的模样。传统节庆具有丰富的精神文化内涵,能彰显小学教学实践性、生活性的价值。挖掘传统节庆资源的人文价值,开发校本化的节庆课程,通过民族及特殊纪念日中的语言之美、民俗之美、历史之美、文化之美,丰富学生的经历和体验,让学生获得民族文化的滋养。[2]

学校根据不同的时节,分月设置了不同的"美雅节日":读书节、彩蛋节、赏月节、种植节、安全节、好事节、环保节、帮扶节、法制节、学军节、诗歌节,月月有主题,岁岁有精彩。

---

① 朱大伟,卢立涛.谈以人为本的学校课程管理[J].教育探索,2003(9):14.
② 马虹亚.传统节庆文化融于学校课程的思考与实践[J].宁波教育学院学报,2017(3):89.

  "美雅节日"课程的实施以"活动型"课程为基础,通过开展节日特色活动,培养学生综合能力,提升学生的文明素养。学校根据"美雅节日"活动内容,设计了评价细则表(见表6)。

表6　南昌市豫章小学"美雅节日"课程评价实施细则表

评价 指标	评 价 内 容	评价 分值
主题	1. 主题鲜明、立意新颖、寓意深刻。 2. 主题具有时代性、科学性、针对性、实效性、教育性。 3. 根据学生身心发展和成长中遇到的共性问题确定主题。	
目标	1. 目标明确,有明确的导向和时代性。 2. 达到学生情感态度价值观的转变。 3. 学生有认识,有感悟,自我教育能力得到增强,能促进学生身心健康发展。	
内容	1. 贴近社会现实、贴近学生实际生活、贴近学生身心发展规律。 2. 紧扣主题,准确定位。 3. 分出层次,突出重点。	
实施	1. 情景设计合理,操作性强,能体现综合运用知识的能力。 2. 要依据所确定、分解、细化的具体内容选择活动。 3. 按照"近、亲、实"的原则选择活动。 4. 采取多种形式呈现。 5. 设置拓展性、开放性的,能给以学生思考空间的问题,引导学生体验和感悟。 6. 面向全体学生,关注学生的个性和差异,注重培养学生的实践能力,教育作用明显。 7. 师生互动,学生参与面广,能充分体现学生主体、教师主导的新课程理念。 8. 活动设计有特色有创意,体现课程的实践性、自主性、综合性、创造性和趣味性。	
方式	1. 新颖、独特、多样,让学生充分展示自我。 2. 注重学生的感悟和体验。 3. 重视活动的群体性,要引导学生合作学习。 4. 能创设生动、活泼、有效的课堂氛围。	

（五）创设"美雅之旅"，落实研学旅行课程

有一句话说得好：要么读书，要么旅行，身体和灵魂总有一个要在路上。旅行不仅仅是看风景，还是一种极佳的教育方式。学校借由"美雅之旅"来引导学生形成最重要、最核心、最能影响终生发展、最能营造幸福人生的关键因素。课程包含四大模块：红色之旅、绿色之旅、古色之旅、国际之旅。通过一系列的旅行、研学活动提升学生的社会生活素养，培养学生爱祖国、爱家乡、爱校园的情感。在活动中，让学生学会关注社会的现状与发展，感受传统文化的魅力，激发学生的爱国主义情怀，培养学生高尚的道德情操，开阔学生的国际视野，引导学生形成多元文化认同感。其具体活动项目如下表所示（见表7）。

表7 南昌市豫章小学教育"美雅之旅"活动项目表

年级	主题	地　点	课　程　目　标
三	绿色之旅	人民公园、动物园、凤凰沟、梅湖景区、气象馆、科技馆、秋水广场等。	通过参观大自然，充分利用丰富和独特的教育资源，从情感、环境、条件等方面来开展研学活动，领略祖国大好河山。
四	古色之旅	滕王阁、景德镇瑶里、傩文化园、客家文化、八大山人纪念馆、赣南围屋等。	家长带孩子领略传统文化的魅力，如滕王阁亭宇文化、南丰盱江龙舟赛、景德镇的瓷文化、傩文化、客家文化等多种物质文化遗产，以继承和发扬"优秀传统文化"为出发点，让孩子感受中国传统文化的魅力。
五	红色之旅	江西博物院、八一起义纪念馆、方志敏纪念馆、井冈山等。	采用小学生喜闻乐见的研学方式进行红色革命之旅，从而激发他们强烈的爱国主义情怀，培养高尚的道德情操。
六	国际交往	新加坡、英国等国际研学路线。	开展国际交往研学之旅，提升他们的社会生活素养，关注学生的全面协调发展，关注学生的特长和潜能。

　　学校充分利用寒暑假,根据实际情况以个人或小组合作等方式,组织学生从班级内部,逐步走向跨班级、跨年级、跨学校和跨区域的"美雅之旅"。教师引导学生根据兴趣、能力、特长、活动需要,明确分工,做到人尽其责,合理高效。研学活动既要让学生有独立思考的时间和空间,又要充分发挥合作学习的优势,重视培养学生的自主参与意识与合作沟通能力,鼓励学生利用信息技术手段突破时空界限,进行广泛交流与密切合作。通过多种途径,塑造学生健康积极的品格、坚韧不拔的毅力、随遇而安的心境和积极向上的学习心态。①

　　学校的"美雅之旅"课程要做到"学"扎实,"研"尽兴,"旅"有获,"行"有长。学校要有系统、完善的规划。教师根据不同学段、不同年龄特点的学生,设计更具针对性的课程评价方案(见表8),在整个研学旅行过程中,更注重形成性评价和发展性评价。

表 8　南昌市豫章小学"美雅之旅"评价细目表

活动项目:		活动对象:		活动地点:
带队领导:		带队老师:		活动时间:
评价项目		**评 价 要 点**		
课程设计 (15 分)		是否有系统、完善的研学旅行课程。研学旅行的落脚点应该在于"学",而"旅"是形式,是服务于"学"的。因此,每次的研学旅行应有明确的研学目标、研学内容、评价方式,而不仅仅是简单的游玩。研学旅行课程应该更多地体现出实践性和创新性。		
课程实施准备 (10 分)		做好充分的实施准备,考虑到天气、地形的特点,从人员安排、物资购买等方面检查是否做好保障。		
课程实施安排 (25 分)		课程实施是否精致,合理的安排既有利于研学旅行课程内容的深度有效学习,又有利于多种学习方法的内化。 研学旅行课程教学效果效率是否符合需要,是否培养学生良好学习习惯,是否促进研学旅行课程教师专业成长的需要。		

---

① 中华人民共和国教育部.中小学综合实践活动课程指导纲要(2017)[Z].2017－9－25.

续　表

评价项目	评 价 要 点
课程实施体验 （30分）	研学旅行课程中丰富的体验是学生们最真实的学习,学生在最真实的场景下进行独特、美好的感受,从而获得多方面的成长。让学生获得成功的心理体验,感受生活的乐趣,体验创造和成功的喜悦,表现出积极的情感与态度。
安全保障 （10分）	在实施研学旅行计划时,一定要做好安全方案和应急预案,以确保课程的顺利进行。
研学评价 （10分）	选择适当的教学反馈、评价内容及形式,通过学生学习成果的交流展示,对学生进行客观的、发展性的评价,评价需及时有效。
总分	

（六）推行“美雅行动”，落实实践活动课程

“纸上得来终觉浅,绝知此事要躬行。”实践活动能让学生找到理论与生活实际的最佳结合点。学校推崇的“美雅行动”就是以实践型课程为基础,通过快乐交往实践、体验民俗实践、品味南昌实践、绿色环保实践,树立学生的创新意识,培养学生的学习、实践能力,激发学生的个性与情感。

学校依据“快乐交往”“体验民俗”等课程项目,围绕一个主题自主设计、开展丰富多彩的班级德育课程活动,通过分组合作,让学生学会如何计划、分工、组织,培养团队协作以及组织分配的能力。

1.“快乐交往”：通过开展“美雅课间”活动,整理收集一些文明、雅致又有趣的课间活动,在学生中推广,如翻绳、跳长绳等。让学生在游戏、活动中学会快乐交往、诚信交往。班主任撰写相关案例,分享班级德育课程。

2.“体验民俗”：通过阅读民俗故事、走访民俗博物馆、开展民俗体验活动等方式,引导学生了解民俗传统文化,感悟中华优秀传统文化的精髓和魅力。

　　"美雅行动"是一种隐性的校本课程,它以儿童为中心,延伸各学科的知识,拓展各学科的课堂,借由不同的主题活动来实施。学校从以下多方面进行评价(见表9)。

表9　南昌市豫章小学"美雅行动"实践活动评价项目表

活动项目:		活动对象:	活动地点:
带队领导:		带队老师:	活动时间:
评价项目		评 价 要 点	
目标 内容 (30分)	目标明确	符合情感态度、实践能力、综合知识、学习策略的培养目标。	
	内容综合	1. 贴近学生的生活实践、社会实践、劳动技术实践、信息技术实践目标。 2. 内容综合、宽泛、新颖,符合学生身心发展的规律,促进个性发展。 3. 丰富学生的体验,培养兴趣爱好。 4. 引入多种信息,围绕主题,运用多门学科知识。	
	实践性强	1. 每次主题分量适当,有操作性。 2. 难易适当,实践性突出。	
活动 过程 (40分)	组织形式	1. 走入社会,面向大自然。 2. 组织形式多样。	
	学生活动	方法得当,体现探究式学习方式。	
	教师指导	1. 教师是活动合作者、参与者、指导者。 2. 指导方法形式得当。	
	活动步骤	1. 活动导入贴近大自然。 2. 学生亲自实践,动手、动脑、动口;活动拓展延伸;各实践环节有机结合。	

续　表

评价项目		评　价　要　点
活动效果 (30分)	学生体验活动	1. 自主思考、设计、操作和解决问题,有真实体验,陶冶情操、愉悦身心。 2. 多元评价贯穿于活动全过程。
	学生参与活动	1. 学生主动活动面大、活动量大,获得实践锻炼。 2. 以"活动促发展",实践能力得到提高。
	学生知识面和学习策略	知识面有所拓宽,学习方法、方式多样,学会学习;具有创新精神和意识。
总分		

（七）开创"美雅空间",落实创客教育课程

创客教育的核心教育理念是通过动手实践培养中小学生的创新能力、探究力和创造力。它强调培养学生发现问题和解决问题的能力,在解决问题的过程中形成洞察力和思考力,帮助学生克服传统教育带来的约束。[①] 学校以"创新、创思、创意"为主题,通过三大板块:学习创客、发明创客、生活创客,提升学生的信息素养,培养学生学会关注社会的现状与发展,有社会责任感,构建有学校特色的"美雅空间"。

1. "美雅空间"的具体操作

创客教育是创客文化与教育的结合,基于学生兴趣,以项目学习的方式,使用数字化工具,倡导造物,鼓励分享,培养跨学科解决问题能力、团队协作能力和创新能力的一种素质教育。[②] 我们针对不同年龄段的学生设置了不同的创客教育目标。

学习创客阶段:为学习而创,学生利用创客学习来构建世界的初步形

---

① 罗诚,肖安庆. 中小学创客教育的发展现状、内涵与构建策略[J]. 中小学教师培训,2016(11):66.
② 成丹. 创客和创客教育漫谈[J]. 河北教育 2019(12):42—43.

象,认识世界,从而促进自己的学习。这一点在低年龄段尤为明显。

发明创客阶段:为生活而创,学生利用创客学习解决自己生活中遇到的问题。这种解决可以是完整有效的解决方案,也可以是建造模型提出方案。

生活创客阶段:为社会而创,学生可以参与到社会生活和社会事件当中,利用创客学习改善社会生活。例如,由学生自己设计制作的广场舞录音机,既满足大妈跳舞的需求,又避免了扰民的不利影响。

2.“美雅空间”的课程评价

“美雅空间”系列创客教育将多学科知识融入创客项目,学科知识无疑是其中的一项评价内容,除此之外,创客教育的教学评价还须关注其他内容。具体如下(见表10)。

表10　南昌市豫章小学“美雅空间”实践活动评价项目表

活动项目:　　　　活动对象:　　　　带队老师:　　　　活动时间:

评价项目	评 价 要 点
创作准备 15分	活动前对学习对象进行分析,包括学生参与学习的目的,期望达到的目标和相关的知识与经验,学生的兴趣点。
创作内容 25分	创作内容的设计要体现学生掌握的知识和技能、学生对知识的应用能力及创新意识,符合情感态度、实践能力、综合知识、学习策略的培养目标。充分展现学生的创新创造能力、动手实践能力、自主学习和自我反思能力、交流协作能力和分享意识等。
创作过程 30分	学生参与创作过程主动热情,专注投入。对创作过程有深刻的理解,学生在创作过程上体现了一定的创新和创造能力、批判性思考能力。学生之间的协作状况好,表现出责任感和努力程度等。
创作作品 30分	最终的作品能较好地完成规定的任务。学生对学习成果表示满意,对自身学习成果能进行反思,有进一步的学习期望。
总分	

多维的课程实施路径、多元的课程评价方法以及多角度的课程管理体系是学校课程深度变革的"生态系统"。推进学校课程深度变革必须激活这个"生态系统"，才有可能真正使学校课程变革"扎根过程"，才有可能真正触及每一个儿童真实的自我，帮助他们获得独特个体的成长经历与体验。①

五、 学习方式与学科育人的多维方法

学习方式是指个体在进行学习活动时所表现出的具有偏好性的行为方式与行为特征。反映个体学习活动中的个体差异，与个体的性格及学习习惯有关。② 每门学科就学生成长而言有其独特的发展价值。学科育人要根据学生学习能力的差异，灵活地采取多种策略让课程目标落地。学科育人的多维方法像是多元营养素，让学生从不同的课程中获得多方面的滋养。课程实施的过程是师生共同完成、创造价值的过程。借助多维的教学方法，"全策"共建，既发展儿童的共性，又拓展儿童的个性，让儿童发展各种能力的同时，不断完善自己的生命世界，体验丰富的学习人生，满足生命的成长需要。③

学校根据"美雅课程"育人目标，通过个性化学习、项目学习、场馆学习、亲子学习、社团学习等多种育人方法，突破时间、空间的局限，打造多维度立体的"教育场"，让儿童能在课程实施中快乐地成长，成为多方面和谐发展、个性张扬、人生各阶段持续发展的人。

（一）在项目学习活动中进行实践学习

项目学习是以实际应用为目的，通过师生共同完成教学项目而使学生获

---

① 杨四耕.首要课程原理：学校课程发展的整合性架构[J].江苏教育,2019(59)：10.
② 刘淦.对杜郎口中学学生学习方式转变的思考[J].中国教育技术装备,2013(5)：9—10.
③ 任姣姣.透析教师初次接触新课程改革所面临的冲突[J].教育与教学研究,2012(10)：31—34.

得知识、能力的教学方法。其实施以小组为学习单位,步骤一般为:明确主题、制定计划、分步实施、检查评估。项目教学法强调学生在学习过程中的主体地位,提倡"个性化"的学习,主张以学生学习为主、教师指导为辅。通过完成研究项目,有效地激发学生学习的积极性。在项目学习探究中,一边掌握实践技能,一边提高自身解决实际问题的综合能力。

1. "小菜园·大世界"项目实践活动。2019 年,学校以陶行知先生"生活教育"思想为指导,以学生实践能力的培养为主要目标,针对城市的孩子在自然、社会、生活方面的认识局限性和动手能力不足,组织全体五年级学生进行"小菜园·大世界"的主题式项目学习,以此达到增强学生的综合实践能力,促进学生全面发展的目标。具体内容和学习目标如下(见表 11)。

表 11　南昌市豫章小学五年级"小菜园·大世界"项目实践活动设置表

项目学习内容	项目学习目标
"我的菜园规划"	认领"责任田",做菜园的小主人,利用所学知识设计、规划菜园。
"我的种植展示"	认识各种蔬菜,了解蔬菜生长周期,知道影响蔬菜生长的各种要素;提升合作探究、发现问题、分析问题、解决问题的能力。
"小菜园收获节"	体验种植的过程和乐趣,树立正确的劳动观念,端正劳动态度,懂得尊重他人的劳动成果,感受"一份耕耘一份收获"的道理。

2. "豫章文化"项目实践活动。源远流长的豫章文化,留存古韵,也彰显着时代魅力。为了进一步激发学生爱祖国,爱家乡的情感,从小树立正确的理想信念和价值观,学校开发、设计了"豫章文化"项目实践系列活动。各年级围绕"豫章文化"开展不同主题的项目研究。具体内容和目标如下。(见表 12)

表 12　南昌市豫章小学"豫章文化"项目实践系列活动设置表

年级	项目学习主题	项目学习目标
一	"寻红色足迹,承英雄风采"	走访红色革命纪念馆,感受英雄的风采,体会先烈的无私和伟大,增强民族自豪感。
二	"豫章十景"	实地参观、探访"豫章十景",感受家乡优美风景;通过查阅、分析、整理资料,加深对南昌历史的了解,厚植爱家乡的情感。
三	"名人与路"	探寻、走访名人路,了解与名人路有关故事,初步了解家乡南昌本土文化。
四	"寻访千古名楼滕王阁"	参观滕王阁,实地感受历史的脉搏,提高对传统文化的理解,培养正确的历史观。
五	"探豫章名桥,感洪都变迁"	通过查阅资料、实地考察等形式探究桥对南昌人民生活的影响;提升动手动脑、合作探究的能力。
六	"寻访南昌名胜,亲近家乡文化"	实地考察南昌名胜,研究其中的名人故事、碑文、对联,运用所学学科知识测量高度、绘制游览图等。

（二）在场馆学习中进行浸润式学习

　　教学的最高境界是实现知识、生活和生命的深刻共鸣。场馆学习是与人、场馆、展品和文化相关的具体的学习机制、学习方案与学习过程,可以让学生系统快速地探索知识,激发学习的热情,培养社会交往能力。场馆学习的特点主要体现在:场馆学习的情境性、自主选择性、主动探究性以及结果输出的多元性。[①]

　　学校充分挖掘周边场馆资源,推动场馆学习与学校课程的深度合作,采用"先校后馆""先馆后校",建设校园"小场馆",场馆活动进校园等方式开展

---

① 杨四耕.学校课程实施的 18 种方式[N].中国教师报 2017 - 12 - 27(12).

活动。学校已创建"奖状博览会""多彩瓷板画""盛世太平鼓"等场馆,成为第二批国家非物质文化遗产传承校、首批南昌市瓷板画中心教育实践基地。学校与二十一世纪出版社合作,请作家晓玲叮当来校进行讲座,学生走出校园去出版社实地参观,了解一本书的出版过程。学校与"方志敏爱国事迹陈列馆"手拉手成长共建单位,经常开展红色文化活动。科技馆、动物园、湿地公园、博物馆都是学校进行浸润式学习的好场所。

六、 多维主体与学科育人的全员参与

教育是一项系统复杂的工程,需要全社会的共同参与。家庭教育、学校教育和社会教育并称为教育的三大支柱。学校教育是人类传承文明成果的一种方式和途径。家庭教育是教育的起点和基点,良好的家庭教育是优化孩子心灵的催化剂,它关系到中华民族整体素质的提高和少年儿童的健康成长。社会教育是平台和依托,个体只有走向社会,在社会的"大舞台"上接触各种类型的人和事物,不断学习与成长,方可成长为一个真正的"人"。[①] 学校、家庭、社会在学生的成长过程中各有其用,厘清三者之间的关系,让三者彼此相互渗透、取长补短、相得益彰,形成"三结合"教育体系,三方面的力量拧成一股绳,全力以赴、全员育人,达到最优化的育人效果。

(一)学校教育做先锋,搭建育人主阵地

学校的育人职能任何时候都无法在脱离课程教学的状态下获得完美实现。做好课程开发与实施,才能保证学科育人的顺序性、阶段性、系统性。学校课程的开发与实施是一项科学规范的系统工程。为此,学校成立由校长为组长,分管校长为副组长,教导主任、副主任、教研组长为核心成员的课程领导小组。课程建设团队由教研组长领衔,组织学科教师进行课程研发工作,

---

① 杨雄,刘程.关于学校、家庭、社会"三位一体"教育合作的思考[J].社会科学,2013(1):94—103.

全面负责学校课程规划、开发实施、审核管理、考核评价等工作。除此之外，学校还建立、健全了课程建设和管理的各项制度，最大限度地调动全体师生的参与度。

教师的综合素质是课程实施的保障。教师是课程的研究者、设计者、实施者和评价者，也是课程开发的主体。学校明确教师在课程中参与的角色，通过多种途径，使教师自觉生成鲜明的课程意识，在可能作为和现实作为中有效地实行对课程的领导。学校定期开展教研活动，采取"请进来""走出去"和校内集中学习相结合的形式。利用专家引领、骨干示范、名师工作室辐射，层层推进，通过一系列培训活动，积极为每一位教师搭建成长通道，充分挖掘显性和隐性的能量，凸显教师课程领导力。学校还致力于让教师改变观念，以自己的人格去培塑学生，并将自己化身为一门学科、一本书。让学生爱上这一门门"学科"，爱读这一本本"书"。

学校组织教师投身科研，认真分析课程规划中的突出问题，将主要问题转化为研究课题。各教研组在课程实施过程中，发现问题、研究点，通过集中、归并和整理，形成有价值的课题，撰写计划书，确保课题研究有价值、有方向。各教研组在教研组长的带领下，理性探讨本学科课程实施中的突出问题，邀请省教研员加盟指导，群策群力寻求解决问题的途径。教师注重课程过程的发展，善于总结课程开发中的亮点，推动课程的深度发展，使学校教育不断提高学生的生命质量。

（二）家庭教育当助力，打造育人生态圈

家庭教育在国家发展、民族进步、社会和谐中起着重要作用。家庭是成功孩子的港湾和出发地，家长是孩子走向成功的导师和助手。[①] 学校利用网络化校园，建电子教室、父母课堂，进行主题式教育，与家长携手，形成"1＋1＞2"的合力，让学科育人价值最大化。学校聚焦"好父母""好家庭""好家

---

① 火兴奋.浅谈在儿童成长中家庭教育的重要性[J].学周刊(下旬),2015(6)：110.

风"，全方面多层次地构建了家校互动"立交桥"，结合学校"雅德课程"，创新家教理想信念模式，开展"家长课堂""亲子共成长""家校开放日"等活动，聘请家长当学校网站"豫章书院"站点的"书院导师"，让家校教育步伐统一，优化校内外的教育环境，使学生接受的教育更完整。

学校坚持家校联系制度，着力促进家长素质的提升，充分利用家长会、家长学校、家访、致家长公开信、微信公众号等对家长进行教育、培训，让家长了解学校的教育目的、教育理念以及培养孩子雅言雅行的重要性，邀请家长出谋划策，充分发挥学校家长委员会作用，从而构建"美雅教育"立体网。2010年，学校首创的特色活动"社科大讲堂　家长来帮忙"就是一次引领家校合作新方向的成功案例，在全省得到推广。十年来，"社科大讲堂　家长来帮忙"特色活动达800余次。我们鼓励家长或走进课堂为孩子们讲课，或走出校门开展各类体验活动、亲子活动。社区、人防、敬老院、儿童村、果园、地铁站、烈士陵园等，都是孩子们的"社科大讲堂"。"故事爸妈进课堂，亲子阅读共成长""相约春天，共植希望""家风代代传"等活动，让亲子共成长，家校同欢乐。家校联手，多维度育人方式，让孩子健康成长。

（三）社会教育来护航，构建育人大舞台

运用社会力量进行教育是家庭、学校、社会教育结合的重要组成部分，对人们的思想影响极大，良好的社会风气和社会教育有利于儿童和青少年的健康成长。[①]

学校育人环境十分重要，要重视社区的参与，注重本区域内社会、学校教育资源的开发、利用机制，形成学校、社会、社区、家庭联手的多渠道立体教育网络，促进学校课堂向社会生活延伸。同时，充分发挥社区和友好学校的作用，争取区内各企业单位、有关教育科研院所的大力支持，为学校发展争取更多的办学资源。学校与社区一起开发"美雅志愿者"课程，充分挖掘志愿服务

---

① 刘福娟．浅谈家庭教育、学校教育和社会教育的重要关系[J]．中国校外教育，2013(17)：1.

资源,创新志愿服务的内容和形式,促进学生积极参与志愿服务活动,让更多学生积极参与到志愿服务的队伍当中。学校鼓励少先队员参与社区志愿服务,开展"创客爱心义卖"、爱心募捐、学困帮扶等志愿活动;关注社区中的弱势群体,例如关爱空巢老人、留守儿童、重度残疾人等;进行公益科普宣讲、社区卫生服务;走进福利院、敬老院、孤儿院等社会慈善机构,为那些需要帮助的特殊人群提供服务。以学校力量为主体,结合家庭、社区资源,为儿童的健康成长提供一个和谐、科学的环境,一起助力儿童成长。

学校构建多元、开放、生态的"美雅课程"体系,打造高品位的基础教育,为每一个孩子的美好人生奠基。"美雅教育"以学生发展为本,充分挖掘每一个学生的潜能,有意识地培养学生良好的修养,丰富的知识,注重提升学生的综合素养,培养具有健全人格和独立个性的合格公民,为每一个孩子的幸福人生奠基。通过媒体宣传推行"美雅课程",及时报道"美雅课程"取得的成果,在各项大型教育活动中,展示课程成果。

一切课程都是为了提升育人质量,课程育人才是回归教育的本真路径。课程承载着育人目标,构建校本化的课程体系对促进学生身心发展起着决定性的作用。美国课程学者施瓦布认为:课程是一个相互作用的"生态系统",它是建立在对课程意义的"一致性解释"基础上,通过这个"生态系统"要素间的相互理解、相互作用,实现学生学习需求的满足和德性的生长。的确,课程对人的成长与发展的影响是整体性的,其内在的力量是系统发生的,我们需要多维度地系统聚合,以促进课程与生活的全面融通。学校首先要立足培养目标,在国家课程计划的框架内进行以校为本的课程整体规划、设计和实施,搭建立体化的课程结构,形成科学的课程体系,为学生构筑全面、个性、可持续发展的三维空间,系统构建课程"立交桥",以科学的课程结构拓展多元育人路径。其次,依托自主理念,变革课程实施策略。要发挥课程的育人功能,就需要通过教学实践,建立一套可操作与可因循的符合自主学习理念、科学化、本土化的课堂教学模式,激活师生能量,将课堂研究真正聚焦于每一位学生整体素质的提升。① 坚持因课而异,鼓励教师形成自己的教学风格,追求和谐共振,使课堂充满生命的活力,整体提升育人功效。最后,学校在整体推进课程建设的过程中,必须要进行科学管理,健全课程管理制度,优化学校管理模式,不断探索、优化课程管理模式,提升教师的课程意识,完善课程评价体系,培育学校多元开放的课程文化,真正提高课程育人的实效。

南昌市豫章小学"美雅课程"符合新时代对课程建设的要求,是凝聚集体智慧的产物。"美雅课程"创造了"和而不同""各美其美""美美与共"的教育新境界,观照了儿童的人文精神与信念,尊重儿童的个人知识与经验,使儿童教育成为一种有意义的生活,充满生命的意蕴,向着"尚雅人生"智慧前行。"美雅课程"拥有独特的知识体系、科学的逻辑范式、相应的思维方式以及内蕴的文化架构。该课程育人价值内涵丰厚,注重引导儿童理解若干关键概念及相互之间的关系,把握学科科学思维方式,体验学科的科学思想方法。这一课程在学生与学科之间搭建起了对话的桥梁,实现自我的塑造和转变。

教育不是冷冰冰的知识传授,而是要点燃他人的生命之火。"美雅课程"重构课堂生态,推进"以学习为中心"的课堂教学转型,构建具有新时代价值取向的课堂教学新样态,把学校课程价值追求转化为学生的实际学习体验,推动学生发展核心素养在课程活动中落地。同时,"美雅课程"加强不同课程间的优化整合,把课堂变为学生生命成长的精神家园,变为学习要素高效互动的活动空间,在"支持个性化学习与发展""创新能力培养""跨学科融合"等方面充分挖掘各学科课程的育人价值,让学生更自觉地追求美的生活和美的人生,用自己的双手培育和摘取学科课程奥秘的鲜花,使每个孩子日有所长、情有所爱、慧有所托、志有所远、体有所健、行有所美。

英国课程学者斯滕豪斯在《课程研究与研制导论》中主张,通过加强教师的发展来激活学校课程,要求教师在课程开发过程中,通过反思澄清隐含在课程实践过程中的价值要素,提升课程变革的价值理解力和判断力。② 由此

① 杨四耕.首要课程原理:学校课程发展的整合性架构[J].江苏教育,2019(59):9.
② 杨四耕.首要课程原理:学校课程发展的整合性架构[J].江苏教育,2019(59):9—10.

可见,教师的学术水平、信念体系、道德状况、精神境界等直接影响着育人的效果。"美雅课程"呼唤新的教师素养结构。教师时刻保持着对教育探索的好奇心与挑战心,不断寻求课程建设的自觉表达方式,彰显了课程建设的主体性、规范性和创生性,努力培育自身研究能力,建构教师的发展文化。积极发挥学校教育的主导作用,密切联系家庭教育,联动社会教育形成合力。

　　南昌市豫章小学"美雅课程"系统地体现了南昌市豫章小学的办学理念和育人目标,形成了学科课程育人价值的最大化、最优化。通过"美雅课程"的实施,全方位支撑儿童的学习和发展,力求在教育过程中实现"全人、全能、全景、全程、全策、全力"的路径,体现"美雅课程"的高尚性、多重性、融合性、科学性、多维性和主体性,最终达成学校的育人目标。我们将继续立足学校高质量发展,持续探索课程改革的创新思路与方法,着力推进学科课程综合化实施,促进儿童身心健康发展,不断提高育人质量,让课程育人的优雅诗篇绽放出更加绚丽夺目的光彩!

第一章

全 人

学科育人的价值追求

儿童是教育的中心，教师为儿童而教，学科为儿童而设。培养有温度、有情操、有美雅气质，对生命永远充满期待的人，让每一个生命得到全面、自由、充分的发展是学科课程存在的价值。学科育人的终极价值就在于激发儿童对祖国的依恋之心，唤起儿童的疑问心，促使儿童对求知永葆热情；培养儿童强健的体能、协调的体质以及灵巧的动作；提高对美的鉴赏创造能力，健全高尚的人格修养，树立正确的劳动观念，掌握基本的劳动技能，将所学知识运用于实践中。关注学科育人价值，就是把学科教育活动聚焦到"为了儿童终身发展"上，关注知识技能背后的价值，思考学科对儿童全面发展的根本意义。①

---

① 庄涵沁.润物无声 感悟数学严谨——以"可以化成一元一次方程的分式方程"为例[J].现代教学，2018(7)：53—54.

雅美语文：让儿童感受语言的优雅之美

　　南昌市豫章小学语文教研组现有教师 58 人,其中,中小学高级教师 3 人,中小学一级教师 36 人;有江西省语文学科带头人 1 人,江西省语文学科骨干教师 5 人,南昌市语文学科带头人 4 人,南昌市骨干教师 4 人。南昌市豫章小学语文教研组秉承"寓雅于教,融美于学,以雅促美"的"雅美语文"课程理念,以教研组为单位开展教学研究,进行听课、评课、磨课活动,定期组织"雅美讲坛"及教师基本功的展评,充分发挥团队合作的力量,积极参与各级各类教育教学活动,提高语文教研组全体老师的教学水平。为了更好地传承学校具有丰厚底蕴的"雅文化",落实语文学科"语言建构与运用,思维发展与提升,审美鉴赏与创造,文化传承与理解"的核心素养,我们建构了"雅美语文"课程,让儿童在多彩的学习活动中夯实基础、凸显个性,实现"美雅人生"的追求。①

第一节　以雅育人,涵育儿童完美人格

一、学科价值观

　　《义务教育语文课程标准(2011 年版)》指出:"语文课程是一门学习语言文字运用的综合性、实践性课程。义务教育阶段的语文课程,应使学生初步学会运用祖国语言文字进行交流沟通,吸收古今中外优秀文化,提高自身文

---

① 卓立子,陈伟.语文课程"阅读实践教育学"构思[J].新课程研究:基础教育,2017(5):40—42.

化修养,促进自身精神成长。工具性与人文性的统一,是语文课程的基本
特点。"

　　基于这种认识,我们认为语文课程的核心价值是:学习祖国语言文字的
运用,培养学生的人文精神。让学生通过学习语言文字的范例和实践,提高
学生的审美情趣和品德修养,使他们逐步形成优良的个性和健全的人格,促
进德、智、体、美、劳的全面发展。在语文学习过程中,"学习语言文字运用"
"品德修养"以及"审美情趣"三者相辅相成、相互促进。"品德修养"需要呈现
的是美好的、正直的、仁义的、文明的气息,实为"雅"的气息;"审美情趣"是个
体对美的推崇和追求。因此,以雅促美,在学习时光中涵育学生的语文素养,
是一条有章可循的探索之路,我们提出以打造"雅美语文"为平台,引领学生,
全面提升学生的语文素养。

二、 学科课程理念

　　依据《义务教育语文课程标准(2011年版)》精神,结合学校历史、文化、
语文学科实际情况,学校提出"雅美语文"的核心概念为"雅美"。"雅"是一种
贯穿人终生发展需要的审美和涵养。领悟语言文字、优美地使用语言文字能
使人高雅。语文学科有其自身的特征,它是工具性、人文性的统一。基于此
性质,"雅美语文"不仅仅要求掌握基本的学科知识,还应关注语文核心素养
的提高,从涵育主体心灵、丰富主体情感出发,赋予学生扎实深厚的文学功底
和知礼德厚的人生信条,以雅育人,涵育学生完美人格。

　　基于此概念,我们的课程建设原则为:让学生在精彩纷呈的语文空间中
培养感受美、欣赏美的能力,提升表现美、创造美的能力,以打造"雅美课堂"
为具体平台,促进学生成长。通过语文学习引领学生感受语言之美,滋润心
田,举手投足间透露出温文尔雅;品读经典国学、名家美篇,进行语文各项实
践,感知和理解人类最崇高的美雅。所谓"雅美语文",即"寓雅于教,融美于
学,以雅促美"的课程,具体而言:

　　"雅美语文"即"寓雅于教"的课程。语文跨过历史的长河,拥有音律之

雅、意境之雅、文字之雅、融情之雅,无一不让人为之陶醉。它是一块磁铁,深深地吸引着人心;它是一块宝藏,让人念念不忘,总是使人在不断探究的过程中时时发现惊喜,从而激发学生一生的学习兴趣和热情。

"雅美语文"即"融美于学"的课程。引领学生感受祖国语言文字之美,通过阅读鉴赏优秀作品而体验丰富情感、激发审美想象、感受思想魅力、领悟人生哲理,在此过程中形成了自觉的审美意识,提高了审美能力,养成了高雅的审美情趣和高尚的品位。[①]

"雅美语文"即"以雅促美"的课程。"兴于诗,立于礼,成于乐"[②],中华民族自古以来重视美育对人和社会发展的重要意义,有对"雅"的追求,才会有广阔的胸襟,高远的精神需要,高尚的人格修养。语文教学致力于以语言艺术经典引导学生寻找人生意义,追求更高、更深、更远的境界。

总之,"雅美语文"是儿童成长的阶梯,它用饱满的姿态为儿童传授学科知识,它用厚实的沉淀丰盈儿童的积累,它用唯美的思想丰实生命的绽放。

第二节　细化目标,丰厚儿童高雅素养

《义务教育语文课程标准(2011年版)》指出:语文课程致力于培养学生的语言文字运用能力,提升学生的综合素养,为学好其他课程打下基础;为学生形成正确的世界观、人生观、价值观,形成良好的个性和健全的人格打下基础;为学生的全面发展和终身发展打下基础。语文课程对继承和弘扬中华民族优秀文化传统和革命传统,增强民族文化认同感,增强民族凝聚力和创造力,具有不可替代的优势。因此,学校将目标细化,丰厚儿童高雅素养,达成"立德树人"的终极目标。

---

① 许海静.以美启智　以美育人——读《美的历程》有感[J].现代教学,2018(1):45—46.
② 王齐洲,李晓华.儒家君子人格养成的逻辑起点[J].江西师范大学学报(哲学社会科学版),2017(2):60—71.

一、 学科课程总体目标

从"核心素养"这一概念出发，根据《义务教育语文课程标准（2011 年版）》的要求，学校语文课程目标体系从以下向度进行分类：显性课程目标和隐性课程目标。

（一）语文显性课程目标

1. 识字、写字（包括汉语拼音）。识字、写字是阅读和写作的基础，是第一学段的教学重点，也是贯穿整个义务教育阶段的重要教学内容。小学阶段整体要求学生累计认识常用汉字 3 000 个左右，其中 2 500 个会写。低年级学生"会认"与"会写"的字量要求有所不同。识字教学要注意学生的心理特点，将学生熟识的语言因素作为主要材料，结合学生的经验，引导他们利用各种机会主动识字，力求识用结合。教师要运用多种识字教学方法和形象直观的教学手段，创设丰富多彩的教学情境，提高识字教学效率。要求学生学会汉语拼音，能说普通话，注意汉语拼音在现实生活中的运用。

2. 阅读。阅读是运用语言文字获取信息、认识世界、发展思维、获得审美体验的重要途径。阅读教学是学生、教师、教科书编者、文本之间对话的过程。阅读是学生的个性化行为。学生要具有独立阅读的能力，学会运用多种阅读方法，有较为丰富的积累和良好的语感，注重情感体验，发展感受和理解的能力。在小学阶段能阅读日常的书报杂志，能初步鉴赏文学作品，培养学生愉悦读书，丰富自己的精神世界。小学阶段要求背诵优秀诗文 160 篇（段），课外阅读总量不少于 145 万字。

3. 写作。写作是运用语言文字进行表达和交流的重要方式，是认识世界、认识自我、创造性表述的过程。写作能力是语文素养的综合体现。写作教学应贴近学生实际，让学生易于动笔，乐于表达，应引导学生关注现实，热爱生活，积极向上，表达真情实感。此外，要重视写作教学与阅读教学、口语交际教学之间的联系，善于将读与写、说与写有机结合，相互促进。要关注作文的书写质量,要使学生把作文的书写也当做练字的过程。

4. 口语交际。学会倾听、表达与交流,初步学会运用口头语言进行人际沟通和社会交往是现代公民的必备能力。口语交际是听与说双方的互动过程。教学活动主要应在具体的交际情境中进行,不宜采用大量讲授口语交际原则、要领的方式。教师应努力选择贴近生活话题,采用灵活的形式组织教学,重视在语文课堂教学中培养口语交际的能力,鼓励学生在各科教学活动以及日常生活中锻炼口语交际能力。

5. 综合性学习。综合性学习主要体现为语文知识的综合运用,听说读写能力的整体发展,语文课与其他课程的沟通,书本学习与生活实践的紧密结合。综合性学习应突出学生的自主性,重视学生主动积极的参与精神。鼓励学生自行设计和组织活动,关注学生探索和研究的过程,要加强教师在各环节中的指导作用。综合性学习应强调合作精神,教师要注意培养学生策划、组织、协调和实施的能力。综合性学习的设计应开放、多元,提倡与其他课程相结合,开展领域学习、跨学科学习,也应以提高学生语文素养为目的。

(二)语文隐性课程目标

语文隐性课程目标包括"人文素养""思维品质""审美情趣"和"道德情操"。

1. 人文素养。人文性是语文课程的基本属性之一。没有人文情怀的语文是没有生命,没有精神的。"雅美语文"以学生为中心,注重挖掘语文教育中的人文价值,对学生倾注人文关怀,加强人文教育,解放学生主题情感,不断提升人文素养,真正彰显语文教学的人文魅力。

2. 思维品质。在发展语言能力的同时,发展思维能力,学习科学的思想方法,逐步养成实事求是、崇尚真知的科学态度。教师在对学生进行语言训练的同时,大力发展学生的思维品质。

3. 审美情趣。语文学习离不开"美"的品味与鉴赏。从识写汉字开始,即要求学生能够感受汉字的形体美。阅读中要求学生能够初步鉴赏文学作品,品味语言的优美,体会作品的情感。因此,审美情趣也是"雅美语文"课程目标中不可缺少的内容。此外,学生在鉴赏名家作品的过程中,思想得以陶冶,情感得以熏陶。"雅美语文"积极倡导学生认识中华文化的丰厚博大,汲取民族文化智慧,能够关心当代文化生活,尊重多样文化,吸收人类优秀文化的营养,提高文化品位。

4. 道德情操。语文课程为学生形成正确的世界观、人生观、价值观打下基础,为形成良好个性和健全人格打下基础,为学生的全面发展和终身发展打下基础。在学习语文的过程中,培养学生爱国主义、集体主义、社会主义思想道德和健康的审美情趣,发展个性,培养创新精神和合作精神,逐步形成积极的人生态度和正确的世界观、价值观。学生拥有良好的个性和健全的人格,拥有高尚的道德情操,才能传承我们的优秀传统文化。

二、 学科课程年段目标

学校结合《义务教育语文课程标准(2011年版)》对学段目标要求,制定了各年级的课程目标:

（一）一年级目标

识字与写字:喜欢学习汉字,有主动识字、写字的愿望。认识常用汉字700个左右,其中300个会写。掌握汉字的基本笔画和常用的偏旁部首,能按笔顺规则用硬笔写字,注意间架结构,初步感受汉字的形体美。努力养成良好的写字习惯,写字姿势正确,书写规范、端正、整洁。学会汉语拼音,能读准声母、韵母、声调和整体认读音节。能准确地拼读音节,正确书写声母、韵母和音节。认识大写字母,熟记《汉语拼音字母表》。学习独立识字,能借助汉语拼音认读汉字,学会用音序检字法和部首检字法查字典。

阅读:喜欢阅读,感受阅读的乐趣,养成爱护图书的习惯。学习用普通话正确、流利、有感情地朗读课文。结合上下文和生活实际了解课文中词句的意思,在阅读中积累词语。借助读物中的图画,阅读浅显的童话故事,向往美好的情境,关心自然,对感兴趣的人物和事件有自己的感受和想法,并乐于与人交流。诵读儿歌、儿童诗和浅显的古诗,展开想象,获得初步的情感体验,感受语言的优美。认识课文中出现的常用标点符号,在阅读中体会句号、问号、感叹号所表达的不同语气。积累自己喜欢的成语和格言警句。背诵优秀诗文 20 篇(段)。课外阅读总量不少于 2 万字。

写作:对写话有兴趣,留心周围事物,写自己想说的话。在写话中乐于运用阅读和生活中学到的词语。根据表达的需要,学习使用逗号、句号。

口语交际:学说普通话,逐步养成讲普通话的习惯。能认真听别人讲话,努力了解讲话的主要内容。听故事,能复述大意和自己感兴趣的情节。能较完整地讲述小故事,能简要讲述自己感兴趣的见闻。与别人交谈,态度自然大方,有礼貌。有表达的自信心,积极参加讨论,敢于发表自己的意见。

综合性学习:对周围事物有好奇心,能就感兴趣的内容提出问题。结合语文学习,观察大自然,用口头或图文等方式,表达自己的观察所得。热心参加校园、社区活动,并结合活动,用口头或图文等方式表达自己的见闻。

(二) 二年级目标

识字与写字:喜欢学习汉字,有主动识字、写字的愿望。认识常用字 450 个左右,会写汉字 250 个。注意汉字的间架结构,初步感受汉字的形体美;养成良好的写字习惯,写字姿势正确,书写规范、端正、整洁。学习独立识字。学习使用部首查字法查字典。

阅读:喜欢阅读,感受阅读的乐趣,养成爱护图书的习惯。用普通话正确、流利地朗读课文。继续学习默读,结合上下文和生活实际了解课文中词句的意思,在阅读中积累词语。阅读浅近的童话、寓言、故事,对感兴趣的人物和事件有自己的感受和想法,并乐于与人交流。诵读儿歌、儿童诗和浅近的古诗,展开想象,获得初步的情感体验,感受语言的优美。在阅读中体会句号、问号、感叹号所表达的不同语气。积累自己喜欢的成语和格言警句。背诵优秀诗文,课外阅读总量不少于 2 万字。

写作：对写话有兴趣,留心周围事物,写自己想说的话,写想象中的事物。在写话中乐于运用阅读和生活中学到的词语。根据表达的需要,学习使用逗号、句号、问号、感叹号。

口语交际：学说普通话,逐步养成讲普通话的习惯。能认真听别人讲话,努力了解讲话的主要内容。听故事、看音像作品,能复述大意和自己感兴趣的情节。能较完整地讲述小故事,能简要讲述自己感兴趣的见闻。与别人交谈,态度自然大方,有礼貌。有表达的自信心,积极参加讨论,敢于发表自己的意见。

综合性学习：对周围事物有好奇心,能就感兴趣的内容提出问题,结合课内外阅读共同讨论。结合语文学习,观察大自然,用口头或图文等方式表达自己的观察所得。热心参加校园、社区活动。结合活动,用口头或图文等方式表达自己的见闻和想法。

（三）三年级目标

识字与写字：能利用汉语拼音识字、学习普通话。激发学生对学习汉字的兴趣,养成主动识字的好习惯。认识汉字 500 个左右,写字 500 个。掌握字的间架结构和书写规则。会使用字典,学习使用词典,有初步的独立识字能力。开始练习用钢笔书写正楷字,用毛笔描红。

阅读：用普通话正确、流利、有感情地朗读课文。继续学习默读,学习对课文中不理解的地方提出疑问。学习联系上下文,借助字典、词典和生活积累,理解词句的意思。初步体会课文中关键词句在表情达意方面的作用。初步把握文章的主要内容,初步体会文章表达的思想感情。开始学习略读,粗知文章大意。积累课文中的优美词语、精彩句段。背诵优秀诗文 10 篇(段)。练习复述课文。初步培养读书看报的习惯,收藏并与同学交流图书资料。课外阅读总量不少于 10 万字。

写作：开始练习习作。不拘形式地写出见闻、感受和想象。愿意将自己的习作读给他人听,与他人分享习作的快乐。完成课内习作 16 次。乐于进行书面表达,对习作有信心。能不拘形式地写下自己的想象故事,尝试在习作中运用自己平时积累的语言材料,特别是有新鲜感的词句。根据表达的需要,使用冒号、引号。学习修改习作中有明显错误的词句。

口语交际:能用普通话交谈,在交谈中能认真倾听,并能就不理解的地方向人请教,就不同的意见与人商讨。能具体生动地讲述故事、讲笑话,努力用语言打动他人,能说出自己的感受和想法。会接待客人,动脑筋解决问题等。

综合性学习:能提出学习和生活中的问题,有目的地搜集资料,共同讨论。结合语文学习,观察大自然,观察社会,书面与口头结合表达自己的观察所得。能在老师的指导下组织有趣味的语文活动,如"举办童话故事会、编童话集""动手制作新年礼物、写上祝福语"等活动,在活动中学习语文,学会合作。在家庭生活、学校生活中,尝试运用语文知识和能力,解决简单的问题,做个社会人。

(四) 四年级目标

识字与写字:对学习汉字有浓厚的兴趣,养成主动识字的习惯。认识常用汉字 800 个左右,其中 400 个会写。具有初步的独立识字能力。会运用音序检字法和部首检字法查字典、词典。能使用硬笔熟练地书写正楷字,做到规范、端正、整洁。用毛笔临摹正楷字帖。写字姿势正确,有良好的书写习惯。

阅读:用普通话正确、流利、有感情地朗读课文,在朗读中理解内容,体会感情,增强语感。学会默读,做到不出声,不指读,有一定速度,养成边读边思考的习惯。学习略读,粗知文章大意。能联系上下文,理解词句的意思,专注重点词句来理解课文内容,并能对课文中不理解的地方提出疑问。能借助字典、词典和生活积累,理解生词的意义。初步概括文章的主要内容,能联系生活体验深入思考并展开联想和想象,体会文章表达的思想感情。能对课文中不理解的地方提出疑问。能复述叙事性作品的大意,初步感受作品中生动的形象和优美的语言,了解作品中人物的命运和喜怒哀乐,与他人交流自己的阅读感受。在理解语句的过程中，体会句号与逗号的不同用法，了解冒号、引号的一般用法。积累课文中的优美词语、精彩句段，以及在课外阅读和生活中获得的语言材料，乐于与同学交流。养成读书看报的习惯，课外阅读总量不少于 25 万字。

写作：培养学生喜欢书面表达的习惯，增强他们写作的自信心。愿意将自己的作品读给别人听，与他人分享写作的快乐。学生能从生活中不拘形式地写下自己的见闻、感受和想象，注意把自己觉得新奇有趣或印象最深、最受感动的内容写清楚。练习想象作文时，学生能大胆展开想象，内容真实、合理。鼓励学生在习作中运用自己平时积累的语言材料，特别是有新鲜感的词句。学习修改习作中有明显错误的词句。根据表达的需要，正确使用冒号、引号等标点符号。课内习作每学年进行完整习作训练 16 次，片段练习 7 次。

口语交际：能用普通话与人主动大胆地交谈，不断提高口语交际能力，养成良好的口语表达能力。学会认真倾听，能就不理解的地方向人请教，就不同的意见与人商讨。讲述故事时能做到清楚明白，具体生动，并说出自己的感受和想法。听人说话能把握主要内容，并能简要转述。

综合性学习：能明确任务，有目的地搜集资料，采用多种形式，充分展示交流。结合语文学习，观察大自然，观察社会，观察自己，用书面或口头方式表达自己的观察所得。能在教师的指导下组织有趣味的语文活动，在活动中学习语文，学会合作。在家庭生活、学校生活中，尝试运用语文知识和能力解决简单问题。

（五）五年级目标

识字与写字：认识常用汉字 400 个左右，累计识字 3 000 个左右，完成小学阶段识字任务。写字 300 个，累计会写常用汉字 2 300 个。有较强的独立识字能力，鼓励学生在课外阅读中大胆猜读和跳读，运用一些识字方法推知生字的大意，以便在手边没有字典、词典的情况下能顺利阅读。写字姿势正确，有良好的书写习惯。硬笔书写楷书，行款整齐，力求美观，有一定的速度。

能用毛笔书写楷书,在书写中体会汉字的优美。

阅读:朗读课文,要有感情。默读课文,有初步感受,并有一定的速度(每分钟不少于300字)。能用多种方法(借助词典,联系上下文,利用生活经验等)理解词句,能辨别词语的感情色彩,体会词句的表达效果。阅读叙事性作品,能把握主要内容,体会思想感情,理清叙事顺序,领悟表达方法。阅读诗歌,大体把握诗意,想象诗歌描述的情境,体会诗人的情感。阅读说明性文章,能读懂内容,了解基本的说明方法。略读文章,粗知大意。学习浏览,能根据需要搜集信息。课外阅读总量不少于40万字。

写作:能写简单的记实作文和想象作文,内容比较具体,感情真实。练写书信、表扬稿及简单的研究报告,注意格式。能根据需要分段表述,使用常用标点符号。40分钟完成约400字的习作。修改习作,做到语句通顺,正确,书写规范。

口语交际:听,能抓住要点;说,有条理,语气、语调适当。乐于交际,敢于发表自己的意见。稍做准备,能当众作简短的发言。

综合性学习:积极参与语文综合性学习,在制订计划、开展活动、进行展示交流中发挥作用。学习运用获取的资料,写简单的研究报告。

(六)六年级目标

识字与写字:在语言文字训练过程中,使学生受到热爱祖国、热爱中国共产党、热爱社会主义的教育;受到为人民服务、无私奉献等思想品德教育。培养热爱科学、勇于实践和创造的精神,增强民族自豪感和振兴中华的责任感,受到科学思想方法和学会生存的启蒙教育,陶冶爱美的情趣。巩固汉语拼音,借助拼音识字、阅读,学习普通话。能正确认读学过的多音字,能辨别形近字。能读准字音,认清字形,了解在语言环境中的字义,并能正确书写。培养独立识字的能力。累计认识常用汉字3 000个左右,其中2 500个会写。继续学写钢笔字,写正确、端正、整洁。硬笔书写楷书,行款整齐,有一定的速度。养成认真写字的习惯。能用毛笔书写楷书,在书写中体会汉字的美感。

认识中华文化的丰厚博大，吸收民族文化智慧。关心当代文化生活，尊重多样文化，吸取人类优秀文化的营养。

阅读：能用普通话正确、流利、有感情地朗读课文。默读有一定的速度，默读一般读物每分钟不少于 300 字。学习浏览，扩大知识面，根据需要搜集信息。能联系上下文和自己的积累，推想课文中有关词句的意思，辨别词语的感情色彩，体会其表达效果。在阅读中了解文章的表达顺序，体会作者的思想感情，初步领悟文章的基本表达方法。在交流和讨论中，敢于提出看法，作出自己的判断；阅读叙事性作品，了解事件梗概，能简单描述自己印象最深的场景、人物、细节，说出自己的喜爱、憎恶、崇敬、向往、同情等感受。阅读诗歌，大体把握诗意，想象诗歌描述的情境，体会作品的情感，受到优秀作品的感染和激励，向往和追求美好的理想。阅读说明性文章，能抓住要点，了解文章的基本说明方法。阅读简单的非连续性文本，能从图文等组合材料中找出有价值的信息。在理解课文的过程中，体会顿号与逗号、分号与句号的不同用法。诵读优秀诗文，注意通过语调、韵律、节奏等体味作品的内容和情感。背诵优秀诗文 60 篇(段)，扩展阅读面。课外阅读总量不少于 100 万字。

写作：结合课文的学习，引导学生观察生活、积累素材，乐于把所见、所闻、所思、所想记下来。鼓励学生经常练笔，能及时把在阅读中学到的表达方法自然迁移到习作中，关注生活，记录生活点滴，使动笔成为学习的一种常态，成为学生的一个习惯。能围绕中心、有详有略地记一件事，能用先概括后举例的方法写人，能写简单的记实作文和想象作文，内容具体，感情真实，有一定条理。能写书信和其他常见应用文，会在文章中写出自己的真情实感。练习从内容、词语、标点等方面修改自己的习作，把自己写得不具体的作文改具体，养成认真修改习作的习惯。

口语交际：与人交流能尊重和理解对方，乐于参与讨论，敢于发表自己的意见。听人说话认真、耐心，能抓住要点，并能简要转述。表达有条理，语气、语调适当，能根据对象和场合，稍做准备，作简单的发言。注意语言美，抵制不文明的语言。

综合性学习：在语文学习过程中，培养爱国主义情感、社会主义道德品质，逐步形成积极的人生态度和正确的价值观，提高文化品位和审美情趣。在实践活动中培植热爱祖国语言文字的情感，养成语文学习的自信心和良好习惯，掌握最基本的语文学习方法。在发展语言能力的同时，发展思维能力，激发想象力和创造潜能。逐步养成实事求是、崇尚真知的科学态度，初步掌握科学的思想方法。能主动进行探究性学习，在实践中学习、运用语文，学写简单的活动计划和总结。通过开展"轻叩诗歌大门"专题综合性实践活动，搜集和阅读诗歌，并按一定标准给诗歌分类，感受诗歌的特点，增强对诗歌的兴趣。能诵读诗歌，大体把握诗意，想象诗歌描述的情境，体会诗人的情感。通过朗诵诗歌、欣赏诗歌、学写童诗等活动，感受诗歌的魅力。通过开展"难忘小学生活"专题综合性实践活动，品读"阅读材料"中的文章，感受作者对小学生活的怀念，对母校、老师、同学的情感。回顾个人和集体的成长经历，懂得成长需要自己的努力，也离不开学校的关怀、老师的教导和同学们的帮助。用多种形式表达对老师、同学和母校依依不舍的感情，并立下美好的志向。在活动过程中，引导学生分类筛选评语，给相片加小标题，培养学生处理、加工信息的能力。

第三节　搭建框架，深挖学科课程内容

语文学科课程的核心价值是"学习祖国语言文字运用，促进学生精神成长"，《义务教育语文课程标准(2011年版)》中将课程分成识字与写字、阅读、习作、口语交际以及综合性实践五大类。基于学校"雅美语文"课程"寓雅于教，融美于学，以雅促美"的理念，学校语文教研组潜心重建语文学科课程结构，深挖学科课程内容，将"雅美语文"课程分为普及型课程和特色型课程。普及型课程主要夯实学生终身发展和适应未来社会所需的共同基础；特色型课程主要满足学生的个性化学习需求，开发和培育学生的潜能和特长，培养

学生的自我认知和自我选择能力。[1]

一、学科课程结构

结合学校历史文化、学校课程理念以及语文学科课程理念，围绕语文学科"语言建构与运用、思维发展与提升、审美鉴赏与创造、文化传承与理解"四个核心素养，我们从"雅美识写""雅美悦读""雅美写作""雅美交际""雅美实践"五个方面进行课程建构，从而形成语文学科"雅美语文"课程群(见图1-1)。

图1-1 南昌市豫章小学"雅美语文"课程群图

（一）"雅美识写"内容为小学各阶段要掌握的生字。以注重学生识字的兴趣，提高学生识字量为标准，引导学生规范、端正、整洁地书写汉字，保证有效地进行书面交流。在领悟经典诵读篇目的同时，指导学生对民族文化进行学习探索，升华对祖国语言文字的热爱和对中华民族文化的了解。同时，涵养学生的性情，提高审美能力，体味古老悠久的文字文化。

（二）"雅美悦读"内容为适合小学生阅读的经典名著、文学作品及日常的书报杂志等的阅读。"雅美语文"提倡学生学会运用多种阅读方法，鼓励学生用童眼看世界，在阅读中丰富自身积累，培养良好语感，注重情感体验，[2]旨在把权力交给学生，让每一位学生在阅读经典中感受祖国文化。

（三）"雅美写作"内容为小学阶段各类文体的写作活动。旨在贴近生活实际，引导学生留心观察，热爱生活，亲近自然，关注社会。鼓励学生进行具有真情实感、有创意的表达，指导学生结合传统文化进行创作，在文字滋润下让学生获得典雅熏陶。

① 肖海霞.浅谈教材资源再建构在初中数学教学中的应用[J].数学教学通讯,2018(29)：62—63.
② 卢秀贞.在小语教学中创设和谐、有效的朗读氛围[J].福建基础教育研究,2009(12)：54—55.

（四）"雅美交际"以各年级经典诵读篇目为脚本,选择贴近学生生活的话题。通过师生、生生等活动组织教学,培养学生运用文明语言进行人际沟通和社会交往。通过创设真实情境,进行潜移默化的训练,锻炼学生倾听、表达、转述、交流的能力,使学生形成与世界打交道的方式,收获交流的快乐。

（五）"雅美实践"内容为校内外的各种语文综合性学习活动。通过组织此类活动,促进学生听说读写能力的整体发展,加强语文课程与其他课程的沟通,紧密结合书本学习与综合实践,培养学生策划、组织、协调、实施的能力。① 通过不同形式的实践活动,促进学生养成合作、分享、积极向上等良好的个性品质和交往能力。

二、 学科课程设置

根据上述学科课程结构,学校"雅美语文"课程除了普及型课程之外,还有特色型课程,设置如下表所示(见表 1-1)。

表1-1 南昌市豫章小学"雅美语文"课程设置表

类别 \ 内容		"雅美识写"	"雅美悦读"	"雅美交际"	"雅美写作"	"雅美实践"
一年级	上学期	字花大比拼	绘本大采蜜	礼貌大集合	讲字的故事	我手画我心
	下学期	识写字传真	大节日故事	怎样交朋友	我是小演员	我手绘我心
二年级	上学期	字典大闯关	诗样花年华	我心爱我家	我会编故事	国学小小报
	下学期	词语找朋友	讲故事大王	友情对对碰	道理大讲堂	手势舞频道
三年级	上学期	成语大转盘	四季书诗画	吟古诗大赛	一起演古诗	诵滕王阁诗
	下学期	歇后语花园	古诗故事会	古诗大比拼	我们来作诗	滕王阁组诗
四年级	上学期	积累和珍藏	阅读大冲浪	豫章小讲坛	妙笔能生花	读滕王阁序
	下学期	积少便成多	我们爱阅读	我也谈名著	习作风景线	品滕王阁序

① 刘筱玲.2005 年中考综合性学习题述评[J].中学语文园地:初中版,2006(6):17—18.

续　表

类别\内容		"雅美识写"	"雅美悦读"	"雅美交际"	"雅美写作"	"雅美实践"
五年级	上学期	字义大变身	群文串串读	赞赞我家乡	古语今我说	滕阁主题研
	下学期	成语巧归类	主题阅读汇	小小辩论家	古文小练笔	家乡诗品读
六年级	上学期	听写大魔方	名著巧解读	经典我会诵	美文我来写	赣鄱诗文化
	下学期	我是书法家	经典永传承	智慧小锦囊	忆童年往事	赣鄱民俗风

第四节　多元互动，力促儿童浸润其中

"雅美语文"引领儿童发现汉字美、节奏美、经典美、语境美等语文特有的魅力，提升儿童的语文素养和个人修养。"雅美语文"学科课程实施主要从以下几个方面入手：

一、建构"雅美课堂"，彰显语文课堂教学魅力

"雅美课堂"是在学校"美雅教育"的基础上建立的语文学科特色课堂。"雅美课堂"坚持"寓雅于教，融美于学，以雅促美"，即通过科学、规范、正式的普及型课程，多元、丰富、独特的特色课程，培养学生日有所长、情有所爱、慧有所托、志有所远、体有所健、行有所美，向着最美好的自己不断靠近。[①]

"雅美语文"的课堂，让我们不断审问语文的本来面貌。在教学目标设定时，在教学内容选定时，在教学环节确定时，在教学方法制定时，在教学语言敲定时，都应求雅求美，引导学生扎实地体会高雅的语文，自然地感受善美的语文，从容地做到"思美""乐美""情美""扬美"。

"雅美课堂"拥有切实的课堂目标。课堂目标是师生共有的目标，课堂设

---

① 刘晓虹，黄敏，白雪.根植核心素养的"小学生大课程"建设[J].教育科学论坛，2016(13)：67—69.

计方案主导着一节课的方向。从课堂过程看,目标是一课之灵魂,"思美"即敏思善问,重视课堂探究性,制定有思维含量的学习,体现了"雅美语文"的理念;从课堂效果看,目标是一课之准绳,有思维含量的目标让学生一课一得,体悟语言文字的美妙,体现了"雅美课堂"的特点。

"雅美课堂"体现乐教乐学。学习过程即发现美的过程,课堂学习过程也是教师的教学环节,学生的学习环节。自然的学习过程犹如一幅优美的山水画一气呵成,极富生命力。"乐美"的学习过程重视学生学习主动性的激发,兴趣盎然的学习环节让学生热情参与,饱含美的发现让师生回味无穷。

"雅美课堂"萦绕丰富的情感氛围。课堂情感在课堂之内充实,在师生之间互渗,是课堂的必要营养。"情美"的教学过程是一种润物无声的教育智慧,充满了对生命的点化、润泽与关怀。"情美"的教学过程是一份恰如其分的课堂和谐,体现了对教育的尊重、理解与情怀。

"雅美课堂"呈现发扬创造力的教学方法,重视师生的想象拓展,突出课堂的创造性。教学是教师创造性的传递,不能用一种方法限制其成长。学习是学生个性化的体验,不能用一种思维僵化其发展。新颖灵动的"扬美"教学方法,不仅体现了教师教学的智慧和创造,还体现了学生学习的探索和创新。

(一)"雅美课堂"的实施

"雅美课堂"如何实施呢?我们坚持以教研为先导,以课例为载体,以观评课为抓手,始终倾听学生的学习需求,朝着"雅美课堂"的核心目标逐步探索出一条行之有效的雅美语文文化之路。"雅美课堂"的推进策略如下:

1. 问卷调查,直面问题。我们每学期坚持观摩 20—30 节随堂课,做到节节评,发现普遍存在的问题后集中进行反馈。每节听评课后,由听课教师根据《雅美语文课堂评价标准》进行量化评分和教学调查问卷,更进一步触摸"雅美课堂"的实质内涵。同时,对学生进行问卷调查,直面学生学习问题。

2. 课题联动,解决问题。围绕"雅美课堂"的校级课题之下,对全体教师进行小课题研究的专题培训,引导老师如何从问题出发,选择小课题进行"雅美课堂"的有效研究。由教导处牵头,语文教研中心组长带领各年级语文教研组确定共同的研究课题,制定研究方案,教师个人的主题研究与组内的课题研究同时并进。

3. 抓好"全员性听课",提高实效。凡是50岁以下的语文教师都要参加每学期的全员性听课活动。教龄未满五年的语文教师还要参加"师徒结对"活动。通过全员性听课评课活动,展示新教师"亮相课"、青年教师"成长课"、优秀骨干教师"示范课",以及各年级语文教研组长的"展示课",实现"名师引领、团队合作、全员提高、资源共享、均衡互补",进一步推进"雅美课堂"向更高的层次迈进。

（二）"雅美课堂"的评价

　　"雅美课堂"的"雅"是以学生的认知水平为基础,遵循语言发展的客观规律;"美"在学生的自主合作探究中,自然流露对美的发现与创造。我们也设计了"雅美课堂"评价细则（见表1-2）。

表1-2　南昌市豫章小学"雅美课堂"评价细目表

类别	指标	标 准 解 读	分值	得分
课堂目标	"思美"	1. 学习目标紧扣课标和学段要求,体现文体特点,切合学情,简单、明了,体现大语文观。	10分	
		2. 学习目标表述能将"三维目标"有机渗透融合,具体、明确,可操作、可检测,直指语文工具性和人文性的统一。	10分	
思路环节	"乐美"	1. 主线清晰,重难点突出;结构合理,循序渐进。	10分	
		2. 能够根据内容分配时间,学习效率高。	5分	
		3. 课堂立足语文学科素养,教学内容丰富。	5分	

类别	指标	标　准　解　读	分值	得分
交流气氛	"情美"	1. 将课堂自主权还给学生,倡导个性化、多样化学习,通过自主学习、合作探究、多元互动、和谐共生等多种学习方式进行学习。	5 分	
		2. 教师努力营造探究学习的条件:激发学生探究的欲望,设计发散性和探究性的问题,留足探究问题的空间,要给学生足够的自主学习时间和互动交流时间。	5 分	
		3. 教师善于引导、鼓励学生质疑,培养学生的质疑能力。学生在课堂中敢于质疑,并表现出一定的质疑能力。	5 分	
		4. 学习目标问题化,以明确的学习任务作为启动和组织学生学习活动的操作把手,激发学生探究新知的热情。	5 分	
教学方法	"扬美"	1. 最大限度地了解学生学习中遇到的问题,并对问题进行梳理归纳,聚焦问题,用问题引领、指导学生探究,学生自主探究时间充分。	10 分	
		2. 教师参与学生探究活动,能兼顾到各个层面的学生。	10 分	
		3. 学生参与展示交流时,态度积极,参与面广,参与度深。	10 分	
		4. 学生在自学和展示的过程中,体现合作、探究、实践、质疑等学习方式;学生能够恰当评价;教师进行适时引导,关注有效生成,使问题获得解决。	10 分	
本课的亮点:		独特感受:		合计:

二、 倡导"雅美学习"，培养良好的语文学习习惯

著名教育家叶圣陶说,教育就是要培养良好的习惯。[①]"雅美语文"就是要充分激发儿童学习的积极主动性、自觉独立性,要为学生形成良好的语文学习习惯,全面提高语文素养搭好阶梯。

（一）"雅美九大语文学习习惯"设立与实施

1. 在日常的教育教学活动中,我们着重从以下几方面入手培养学生良好的习惯：(1)主动学习,刻苦学习的习惯。(2)预习的习惯。(3)培养学生爱动手、动笔、动脑的习惯。(4)读好书、读经典的习惯。(5)与人交流大胆大方,说普通话的习惯。(6)专注倾听的习惯。(7)质疑的习惯。(8)积极参与合作学习的习惯。(9)认真、规范书写的习惯。

2. 培养"雅美九大语文学习习惯"的实施：(1)培养学生学习兴趣。兴趣,会使大脑释放出"内啡肽"(大脑神经递质的一种),它让学生处于一种极为放松、无压力的状态,并且想重复这种体验,因此学生便能自动、自觉地学习。当学生得到肯定时,大脑里又会释放出"多巴胺",这是大脑奖励机制的主要元素,也是动力的来源。[②](2)教给学生好方法。①及时改错的习惯。让学生准备一支红笔,随时改正自己练习本、试卷上面的错误,以鲜艳的红色改正,加深印象,然后用一个本子,将这些改正过的错题收集起来,以提示自己,避免出现类似错误。教师明确规定改正方法,检查时间,可以通过展览的方法加强学生的交流学习,逐渐形成及时改错的习惯。②高效学习的习惯。不少学生的学习效率低,表现在不会掌控时间,教师要指导学生制定学习计划,合理安排好学习时间。关键的一点是教学生在计划中明确学习内容的数量和质量要求,每次结束学习要进行自我评价,

① 李桂瑛.语文教学中怎样培养学生良好的习惯[J].考试周刊,2012(39)：21—22.
② 李中莹.亲子关系全面技巧[M].北京联合出版社,2017.

教师及时检查,对于表现优异或有进步的学生给予鼓励。(3)培养好习惯要持久训练。行为主义的心理学研究发现,在一般情况下,一种行为重复21天就会初步形成一个习惯,如果坚持90天,则可能养成一个稳定的习惯,习惯成自然。只有养成了习惯,好行为才会稳定,甚至自动化。培养学生的好习惯是一个漫长的过程,绝不是一朝一夕的事,而要始终如一,日复一日地进行训练,习惯养成的必要步骤要不断地强化,不断地让学生实践。(4)让学生在成功的体验中养成良好的学习习惯。培养好习惯用加法,多赞扬,少批评。但是,在赞扬中只简单地说好,或者只强调学生的成功,也会带来问题,在赞美中要直接说出学生受到表扬的原因,要强调学习的过程比成绩更重要。坚持有智慧的、有针对性的赞美,能够培养学生努力把过程做好的能力。(5)家校配合,共同养成学生良好的学习习惯。家庭是习惯的学校,父母是习惯的老师。只有肥沃的土壤才能长出好庄稼,只有良好的家庭环境才可能培养出智力优秀、聪明活泼的孩子。父母要以身作则,热爱学习。[1]家长是孩子的第一任老师,身教重于言教。若父母饭后捧一本书,伴一杯清茶,端坐书桌前,伏案写作,孩子耳濡目染,也会经常看书、学习。

(二)"雅美九大语文学习习惯"评价

一位教育家说过:"没有教育不好的学生。在每个学生心中最神秘的一角,都有一根独特的琴弦,拨动它就会发出特有的音响,要使学生的心和你的话发生共鸣,你自身需要和学生的心灵对准音调。"我们要努力地寻找到开启不同学生心灵与智慧的钥匙,从内心深处激发他们学习的动力,[2]让他们在教育过程中的各方面行为潜移默化地得到强化,学会自主学习,从而慢慢地养成良好的学习习惯(见表1-3)。

---

[1] 刘春辉.点燃孩子学习兴趣的火种[J].湖南教育(中旬B),2015(5):57.
[2] 罗大丽.在不良学习条件下应重视培养小学生自觉学习习惯[J].基础教育论坛(乐山),2010(1):48—49.

表1-3 南昌市豫章小学"雅美九大语文学习习惯"评价表

评价项目	评价基本要求	备注说明	得分
课前准备（15分）	预备铃响后迅速进入教室，保持安静。课前准备，包括物质准备和心理准备。物质准备：学具、课本、资料、练习本等。知识心理准备：课前预习、迅速进入学习状态。（预习准备的习惯）	迟到（-5分） 课前准备不充分（-5分） 不能迅速进入学习状态（-5分）	
上课（20分）	积极参与课堂，认真学习，善于合作，踊跃发言，敢于质疑，努力完成课堂学习任务，学习效率高。严守自习课纪律，自习课能独立完成作业和练习，并能有目的地进行系统复习和预习。（专注地听人说话的习惯；说普通话的习惯）	不认真听讲练习，被警告（-5分） 做小动作、开小差（-5分） 看闲书、闲聊（-5分） 做与学习无关的事被警告（-5分）	
复习（5分）	课后及时复习，坚持先复习再做作业；坚持进行一日小结和学习反思。（勤于动手、动笔、动脑的习惯）	不做小结（每次-5分）	
作业（10分）	项目齐全，书写工整，卷面整洁，按时完成；解答格式规范，步骤完整，能认真改正错误。（规范整洁书写的习惯）	书写潦草，格式不规范（-5分） 不认真改正作业中的错误（-5分）	
周周清（15分）	书写认真，格式规范；独立完成，不作弊、不抄袭，诚实守信，成绩优异。（主动学习，刻苦学习的习惯）	作弊（-5分） 答卷书写潦草（-5分） 格式不规范（-5分）	

续 表

评价项目	评价基本要求	备注说明	得分
错题集 (10 分)	完成及时认真,思路清晰;内容齐全,分析透彻全面;有参考价值。(勤于动手、动笔、动脑的习惯)	内容不全(-5 分)	
		不能及时整理,分析不透彻(-5 分)	
学案 (5 分)	正确使用学案,能在限定的时间内通过学习自学、互学或在老师的指导下完成学案中内容,并能发现新的问题,提出新的想法或见解。(好问的习惯)	不能及时完成,书写潦草(-5 分)	
写字 (10 分)	坚持天天练字,书写认真,有进步,有提高。练习中有字帖,有专门的练习本。(规范整洁书写的习惯)	不能按时练习(-5 分)	
		无字帖或无习字本(-5 分)	
合作学习 (5+1 分)	学习中注意交流和互助,取长补短,不仅善于虚心向他人学习,而且能帮助他人,共同提高。(在合作学习中积极参与的习惯)	月考学习小组内无不及格现象(加分)组长加 6 分、成员加 5 分	
读背 (5 分)	坚持天天背诵(古诗文及现代文精选文段)。在学习和生活中能恰当地运用相关内容。(阅读优秀读物的习惯)	检查不能通过(-5 分)	
时间	年 月 日	最后得分	等级

三、 设立"雅美语文节",激发语文学习兴趣

每个节日,都是一个美妙的故事,是一份特别的情趣,是一种浓厚的氛

围。学生对节日的期盼和传统习俗的仪式感，从一定意义上渲染且提升了人类美好生活的精神境界。围绕"雅美语文"，我们设立了丰富多彩的"雅美语文节"，如润美诵读节、创美彩绘节、灵美童话节、慧美主持人、古美成语对对碰、大美名著节、华美作文节等。通过丰富多彩的"雅美语文节"，可以拓宽语文的学习途径，创新语文课程的实施方式，激发学生的语文学习兴趣，丰富学生的语文学习经历，同时推进校园文化课程的进一步实施。

（一）"雅美语文节"的实践与操作

"雅美语文节"是传递爱意的节日。好的教学既是对学生诚挚的款待，又处处洋溢着美好的雅言雅行，同样也是学生个体与他人传递爱的过程。让学生度过"雅美语文节"，增强语文学习的凝聚力，提升整体文化氛围，为亲子共学提供了契机。

"雅美语文节"是充满创意的节日。它从节日的独特设计视角出发给学生以启发，用别开生面的节日举行方式给童年留下美好的记忆。

"雅美语文节"是充盈情趣的节日。它为学生营造了极有特殊教育功能的情趣氛围。这氛围是一种具有超级魅力的文化气场，它滋养着学生内心，促进学生发展。

我们每年创设"雅美语文节"，积极营造浓厚的语文学习氛围，以不同的主题掀起学生对"雅美语文"的参与热情。学校"雅美语文节"课程安排如下：

1. 润美诵读节

活动时间为 10 月 1 日—10 月 31 日。10 月 1 日—10 月 7 日：(1)确定本届读书活动主题，搜集各班活动口号；确立师生共读、亲子共读的活动形式。(2)精心布置教室环境，校园挂条幅，做好标题宣传，营造浓浓的书香氛围。各班出一期主题黑板报(10 月 8 日全校评比)。(3)语文教研组商定各年级诵读篇目，各班利用晨诵时间，开始有计划地指导学生诵读选定的经典诗词。10 月 8 日—10 月 25 日：(1)举行"读书节"开幕式，宣读倡议书。(2)营造琅琅读书氛围。每天早到校的同学自觉开始晨读，晨诵时间不固定，语文老师利用课前 5 分钟按时到班,指导学生诵读,充分调动学生的诵读兴趣。班主任在课前两分钟要组织好学生诵读。行政值日将对各班日常诵读情况予以检查。(3)开展"亲子共读"。各班推广"亲子诵读"活动。每个家庭落实一个诵读项目,可以是全家人共同参与,也可以是随意搭配的二人组合。诵读的内容可以选古典诗词,也可以是现代诗歌,但内容必须积极向上,时间不少于 5 分钟。进行一次"家长读书"问卷调查,了解家长读书情况,从而向家长渗透读书的重要性。(4)召开主题班会。在读书节期间,各班精心准备一次主题班会活动。活动结束将活动方案、活动照片及时上传。(5)举行"创意书签"制作比赛。各班自行组织全体学生进行小书签制作比赛,指导学生将名言警句或美好的诗词制作成漂亮书签,班主任再从中挑选 5 张优秀作品于国庆节后交教导处参加展评。(6)举行"诵读经典、滋养心灵"诗文诵读比赛。(7)五、六年级开展赛诗会。10 月 26 日—10 月 31 日:每个年级组制作一块小展板,要求囊括读书节系列活动的照片,有适量的文字介绍。完成后将进行评比,并在学校展示。

评价方式如下所示(见表 1-4)。

表 1-4 南昌市豫章小学润美赛诗会评价细则表

评分项目	分值	评 分 标 准	评分
仪表形象	1 分	服饰大方、自然、整齐,举止从容、端正,精神饱满,态度亲切。	
语言表达	3 分	吐字清晰,发音正确,语言生动,语气语调动听,节奏变化与朗诵的内容相吻合,能准确、恰当地表情达意。	
态势神情	2 分	动作、身姿、神态恰如其分、形象地表达所朗诵的内容和感情,渲染气氛,表达效果极佳。	

续　表

评分项目	分值	评 分 标 准	评分
朗诵效果	2分	朗诵绘声绘色，富有韵味和感染力，能在观众心中产生共鸣。	
时间要求	1分	时间为5分钟内。	
创意	1分	朗诵形式富有创意，配以适当伴舞或配乐，或其他富有创意的形式。	
总分			

2. 形美汉字节

活动时间为11月1日—11月30日。11月1日—11月5日：(1)宣布活动开始，进行全校动员。(2)各年级申报、筹备。各年级在年级组长、语文备课组长、全体语文老师的协助下，根据本年级学生特点，申报适合本年级学生开展相关活动。撰写活动方案，积极组织安排。11月6日—11月25日：一、二年级：诵读汉字趣味识字歌，在生活学习中习得汉字记忆的好方法，通过编儿歌、顺口溜等形式，感受识记汉字的趣味性。三、四年级：欣赏书法作品，了解书法的一般知识；规范写字从每一笔、每一画开始，增强书写美观的意识。五、六年级：举行汉字书写秀(软笔)和汉字听写大赛，在活动中认识到汉字的重要性，提高学习汉字的兴趣，提升语言文字应用能力。活动具体实施：一、二年级：各班进行识字大王比赛，评选出本班的识字大王。选出班级优秀识字歌，同学们齐朗诵。三、四年级：欣赏书法作品，班级交流。开展以书法为主题的综合性学习，可以研究书法的历史，还可以研究著名的书法作品等。通过制作PPT或者其他的方式展示。五、六年级：(1)利用书法课勤练书法，每天布置书法作业，进行书法比赛。(2)学校为学生准备好现场比赛用纸，学生自行准备钢笔等其他文具。(3)作品要求规范书写汉字，字的间架结构要求美观。作品中不出现错别字，不加字漏字，整洁不涂改。

11月26日—11月30日：各年级进行评比，评出"识字大王"和"小小书法家"，在全校展示。

评价方式如下所示（见表1-5）。

表1-5　南昌市豫章小学形美汉字节评价细则表

评分细则	得分	备注
字体架构（共30分）		
笔画（共30分）		
美观（共30分）		
页面整洁（共10分）		
总分		

3. 创美彩绘节

活动时间为12月1日—12月30日。12月1日—12月10日：阅读绘本故事，即每个学生和家长一起阅读一至三个绘本故事，要求在家长的帮助下正确、流利地朗读绘本故事，了解故事主要内容。12月11日—12月20日：绘本故事会，利用班会课举行"讲绘本故事比赛"。既可以小组合作也可以个人参加。要求讲得流畅、生动，故事内容完整、生动。12月21日—12月30日：我来创编绘本，学生和家长一起创编绘本。要求故事情节完整、想象丰富、图文并茂。

评价细则如下所示（见表1-6）。

表1-6　南昌市豫章小学创美彩绘节评价细则表

评价等级	评 价 指 标	
★★★	讲述绘本故事完整，声情并茂。	创编绘本立意新颖，主题明确，想象力丰富，图文并茂。

续　表

评价等级	评　价　指　标	
★★	讲述绘本故事比较完整,语言比较生动,能做出相应的动作。	创编绘本立意比较新颖,主题比较明确,想象力比较丰富,图文相称。
★	讲述绘本故事比较完整,语言比较平淡,能做出几个动作。	创编绘本立意一般,有一个主题,图文相配。

4. 灵美童话节

活动时间为 1 月 1 日—1 月 31 日。1 月 4 日—1 月 28 日：(1)阅读一本童话书：引导学生阅读童话作品,开展童话交流。利用每天的晨会、午间活动课时间读相关书目,以满足学生需求。做到人人会讲至少一个童话故事。利用阅读课播放一部童话故事电影,让学生在有声有色的影片中感受童话的魅力,从而大大地激发学生阅读童话的兴趣。(2)童话精灵讲故事：通过一段时间对童话故事的积累,各班以讲故事的形式开展童话交流活动,要求每位学生都带着自己喜爱的童话故事积极参与。先在班中进行比赛,推选出班级的"小童话大王",然后由班级"小童话大王"代表班级参加学校的"童话故事擂台赛"。(3)画一幅童话绘画作品,设计一幅童话画报：1 月 20 日前交到美术老师处进行评比。1—3 年级童话绘画作品;4—6 年级童话手抄报。选择自己喜欢的童话人物形象,画一幅有一定主题的绘画作品或海报,通过绘画的形式让学生喜爱童话,热爱童话。(4)撰写一篇童话征文：1 月 23 日前交到教导处进行评比,参加对象为 3—6 年级学生,通过丰富想象编写一个完整的童话故事,故事有一定的情节,又有一定寓意,使学生们在编拟童话故事的过程中接受自我教育。(5)举行一次童话剧表演：1 月底由 1—6 年级学生参加,学生选择优秀童话剧进行创编童话,最好是自己的作品改编的。各年级组选送一个作品参加表演。1 月 28 日：闭幕式,表彰"灵美童话大王"。

评价表如下所示(见表 1-7)。

表1-7 南昌市豫章小学灵美童话大王评价表（积累星级）

姓名	读童话	讲童话	画童话	写童话	演童话	童话报	总星级

5. 古美成语节

活动时间为2月1日—2月28日。2月1日—2月15日：(1)一、二年级开展"我来讲讲成语故事"比赛。鼓励和提倡低年级学生购买成语故事读本，并利用课余时间广泛阅读，同时组织本年级段学生举行"成语故事擂台赛"，把经典搬上舞台，生动演绎，讲出个性，积累词汇，明白事理。(2)三年级开设"成语联合对抗，争当成语之王"趣味活动。三年级各班推选3名代表，取好队名，比赛"成语接龙""成语出处连线""看成语说故事""听文章记成语""根据提示猜成语""动作传递猜成语""成语巧分类""成语现场运用"等环节，每一环节获取相应的分值，积分最高者获得"成语之王"称号。2月16日—2月28日：(1)四年级开展"成语手抄报"比赛。四年级同学在阅读积累的基础上，出一期成语专题手抄报，以图文并茂的方式，呈现成语世界的五彩斑斓。(2)五年级进行"我来编成语故事"比赛。成语中很多都具有一定的情境性，富有一定的哲理，五年级的比赛以此为抓手，选择适合的成语，开展根据成语来自编故事的比赛，要求人人撰写一篇小作文，同时各班推选三名优秀代表，参加学校的比赛。(3)六年级成语积累测试赛。对六年级学生成语掌握情况进行测试，力求基础性与综合性相结合，工具性与趣味性相结合，同时选出优秀选手予以学校表彰。

具体评价指标如下所示(见表1-8)。

表1-8　南昌市豫章小学古美成语节评价细则表

评价等级	评　价　指　标
★★★★	一、二年级：讲成语故事声音响亮，口齿清楚。故事讲得清楚、流畅。 三年级：成语趣味测试积分最高。 四年级：制作的成语手抄报内容丰富，图文并茂。 五年级：成语创编内容新颖有趣，含义深刻。 六年级：成语测试积累赛得分最高。
★★★	一、二年级：讲成语故事声音比较响亮，口齿比较清楚。故事讲得比较清楚、流畅。 三年级：成语趣味测试积分较高。 四年级：制作的成语手抄报内容比较丰富，图文并茂。 五年级：成语创编内容比较新颖有趣，含义比较深刻。 六年级：成语测试积累赛得分较高。
★★	一、二年级：讲成语故事声音比较响亮，口齿比较清楚。故事讲得比较清楚、流畅。 三年级：成语趣味测试积分居中。 四年级：制作的成语手抄报内容普通，书写一般。 五年级：成语创编内容普通。 六年级：成语测试积累赛得分居中。
★	一、二年级：讲成语故事声音较小，口齿不清。故事讲得简单、不流畅。 三年级：成语趣味测试积分较低。 四年级：制作的成语手抄报内容简单，书写一般。 五年级：成语创编内容简单。 六年级：成语测试积累赛得分很低。

6. 理美寓言节

活动时间为3月1日—3月30日。3月3日—3月20日：每人动手绘一幅寓言故事主人翁画像。3月27—29日：讲一个寓言故事。为提高学生对语言文字的感知能力、表达能力，营造良好的"书香校园"氛围，增加学生课外阅读的兴趣，提高学生的综合素养，进一步活跃校园文化生活，同时借年级

"共读一本书"活动的契机,举行讲故事比赛。旨在以赛促读,激发学生讲故事的兴趣,提升教师指导学生阅读的能力。3月30日:举行一次寓言故事表演。学生选择优秀寓言故事进行创编。各年级组选送一个作品参加表演。3月31日:表演寓言故事,评选出最精彩的寓言故事表演奖。

评价方式:(1)满分为10分制。(2)主题内容(2分):内容生动,健康向上,能使学生从中受到教育。(3)语言表达(3分):普通话标准(1分),语言流畅(1分),声音洪亮(1分)。(4)表演技巧(3分):表演自然得体(1分),情绪到位,有感染力(1分),动作设计合理(1分)。(5)形象气质(1分):服饰得体,举止自然大方,上下场致意、答谢(1分)。(6)脱稿完成,辅以道具、背景音乐等。(1分)

7. 韵美诗歌节

活动时间为4月1日—4月30日。4月1日—4月10日:举办诗歌朗诵会。首先确定内容,诗歌朗诵会朗诵的诗,可以是搜集到的诗,也可以是自己写的诗。其次确定朗诵的形式,要丰富多样,可以个人朗诵,可以男女对诵,可以小组合诵,可以是诗表演,还可以配乐朗诵。力求每个学生或小组都有任务,如,环境布置、编排节目单、化妆,人人为班级朗诵会出力。4月11日—4月20日:自己动手写诗。我们的生活中处处有诗歌,只要我们有一颗童心,能够大胆想象,锤炼语言,就可以写出有趣的童诗。补充诗歌,让学生欣赏。指导写诗常用的语文知识:运用排比、巧用比喻、妙用拟人、运用夸张、运用假设等。4月21日—4月30日:合作编诗集。欣赏了著名诗人的作品后鼓励学生自己动手写诗。做了小诗人后,再让大家一起合编本诗集,把这些珍珠串成一串漂亮的珍珠项链吧![①] 诗歌竞赛分为:必答题(每组5道题,每题10分)。抢答题(共20道题,每题10分。答对得10分,答错扣10分)。风险题(每组2题,分成10分、20分、30分三个分值档,答错扣相应分值)。评出优胜组。4月30日:表彰"诗歌小达人"。

─────────────

① 小学语文课程教材研究开发中心.义务教育课程标准实验教科书语文六年级(上)[Z].北京:人民教育出版社,2011:106.

评价如下所示(见表1-9)。

表1-9 南昌市豫章小学韵美诗歌节评价细则表

姓名	朗诵诗歌（25分）	创作诗歌（25分）	创编诗集（25分）	诗歌知识竞赛（25分）	总计

8. 慧美主持人

活动时间为5月1日—5月31日。5月1日—5月10日：组织进行60秒美文诵读，每班班内海选，由学生自选一首诗歌或美文进行朗诵，要求声情并茂，富有感染力，能充分展示出自身的语言素质，时间控制在1分钟以内。5月11日—5月20日：组织创意自我介绍，由参赛选手自我介绍，形式不限(要求活泼而富有创意)，条理清晰、表达流畅、充满自信和感染力，将自己的主要情况作简单介绍，带有丰富的表情及自然大方的肢体动作，时间控制在3分钟之内；组织模拟主持，2分钟自定节目主持，选手自己设定节目类型、节目形式、主持方式。5月21日—5月30日：1至3年级即兴演讲：选手班会课上现场抽取题目，短暂准备后结合某件事情或某种现象发表自己的感想。4至6年级即兴采访：选手班会课现场抽取题目，以现场评委或观众为采访对象即兴现场采访。

评价细则如下所示(见表1-10)。

表1-10 南昌市豫章小学慧美主持人评价细则表

单 项 评 价	得分	总计
1. 形象气质：优雅、自信、大方、着装得体。(25分)		
2. 语言能力：普通话标准，语言流畅，表达清晰，逻辑性强。(25分)		

单　项　评　价	得分	总计
3. 应变能力：思维敏捷,应变能力强。(25 分)		
4. 每项比赛内容如不能按规定时间完成扣分,注意控制好时间。(25 分)		

9. 大美名著节

活动时间为 6 月 1 日—6 月 30 日。6 月 1 日—6 月 10 日：开展读名著活动,引导学生阅读名著,开展阅读交流。利用每天的午休和阅读课时间读相关书目,以满足学生需求。强调和大人一起读,父母陪伴孩子一起读名著,做到人人读名著,人人讲名著。6 月 10 日—6 月 15 日：开展诵经典活动,学生选择名著中的经典片段进行朗诵活动,先在班里进行朗诵活动,优秀者代表班级参加学校的朗诵比赛。6 月 15 日—6 月 25 日：开展演名著活动,学生选择喜欢的名著内容进行创编,各年级组选送一个作品参加表演。6 月 30 日：表彰书香班级(评价方式见表 1 - 11)、名篇诵读奖(评价方式见表 1 - 12)。

表 1 - 11　南昌市豫章小学书香班级评比细则表

书香班级评比细则	得分	总计
1. 有切实可行的班级阅读计划。(10 分)		
2. 成立读书互助小组,主题阅读书目明确。(10 分)		
3. 班级图书角建设有特色。(20 分)		
4. 图书存量达标,适合相应年级阅读。(10 分)		
5. 有专人保管,有借还记录。(10 分)		
6. 阅读时安静、认真、专注。(10 分)		
7. 积极参加学校读书活动。(30 分)		

表 1-12　南昌市豫章小学名篇诵读评价细则表

名篇诵读奖评价细则	得分	总计
1. 内容健康,积极向上,饱含感情。(20 分)		
2. 使用标准普通话,吐字清晰、流畅。(20 分)		
3. 语速适当,富有感染力,时间控制在 5 分钟内。(20 分)		
4. 合理运用表情、动作配合朗诵。(20 分)		
5. 衣冠整洁得体,仪表自然,精神饱满。(20 分)		

10. 华美作文节

活动时间为 7 月 1 日—7 月 31 日。7 月 1 日—7 月 15 日：征文比赛。本次大赛为非命题作文,题目自拟,题材及体裁均不限。鼓励说真话,表达真情实感,充满个性的自由表达。(1)参赛作文统一用稿纸誊写或打印,要求书写工整、规范,打印美观大方。(2)提倡写短文：小学一、二年级字数不限,三至六年级一般不超过 600 字,为使学生们能够自由表达,充分展示才华,除文字稿件外,鼓励多种形式,可写图画与文字相配合的图画作文。(3)参赛作文要体现健康向上的审美情趣,展现当代学生乐观进取的精神风貌。7 月 15 日—7 月 30 日：作家进校园活动——假期择日邀请知名作家来学校和学生一起探讨写作的那些事,帮助学生增强写作技巧,激发创作热情。

评价方式：(1)符合题意,语句通顺,条理清楚,用词准确,(80 分—100 分)。(2)符合题意,语句较通顺,条理比较清晰,(60—79 分)。(3)不符合题意,语句不够通顺,(60 分以下)。

评分细则：(1)字数 4 分：缺字数 10% 以内扣 2 分,缺字数 10% 以上扣 4 分。(标点计算字数)。(2)格式 2 分：符合首行空两格、标点符号在格内、题目在中间格式得 2 分,否则酌情扣分。(3)错别字 2 分：3 个以内(含三个)不扣分,3—5 个扣 1 分,5 个以上扣 2 分(同一错别字不重复计算)。(4)作文题目 2 分：补充完整,符合要求得 2 分,其他情况酌情扣分。(5)习作表达 20 分。

11. 阅美小说节

活动时间为8月1日—8月31日。8月1日—8月10日：举办阅读交流会,建立班级"小小书友会",挑选两位责任心强的学生负责日常工作。通过这个活动,鼓励学生们相互推荐新书好书,利用课余时间发表阅读感想,开展阅读交流,将读书思考向更广的时空延伸,"小小书友会"将成为班级的又一精神家园。8月11日—8月20日："走近XXX"活动,如"走近曹文轩",研读作者的各种作品,找出作者作品中主人公的共性与个性。写成短篇研究报告。8月21日—8月30日："小书签设计"评比,每位学生设计一张小说人物书签：最大不超过32开(语文书的一半)。表现形式不限。每班评出一等奖3名,二等奖4名,三等奖5名。每班一等奖获得者的作品进行全校性展示。8月31日,参与人员对同伴的作品给予互评。

评价表如下所示(见表1-13)。

表1-13　南昌市豫章小学阅美小说节评价表

姓名	书友会 （25分）	研究报告 （25分）	小书签设计 （25分）	互评参与 （25分）	总计

12. 演美戏剧节

活动时间为9月1日—9月30日。9月1日—9月10日：观看一部戏剧,阅读戏剧作品,开展戏剧交流。利用每周的晨会、午间活动课时间阅读相关书目,以满足学生需求。校园电视台每周播放一部戏剧故事影片,通过有声有色的音像资料,极大地调动学生观看欣赏戏剧的积极性。9月11日—9月20日：设计一幅戏剧画报,选择自己喜欢的戏剧人物形象,画一幅有一定主题的绘画作品或海报,通过绘画或海报的形式展现学生对戏剧文化自己独到的理解和感受。9月21日——9月30日：举行一次戏剧表演,学生选择自己最喜爱的一部戏剧进行创作改编,鼓励创新京剧、话剧、音乐剧等多种形式的原创优秀作品。各年级组选送一个作品参加表演。9月30日：表彰"演美小戏迷"。

评价表如下所示(见表1-14)。

表1-14 南昌市豫章小学演美戏剧节评比表

姓名	观看戏剧 （25分）	设计画报 （25分）	戏剧表演 （25分）	参与程度 （25分）	总计

（二）"雅美语文节"的评价

构建合理的"雅美语文节"课程评价体系是保证节日课程正常进行的必要手段,应遵循发展性、适宜性等原则,采用观察、谈话、案例分析等方法及时进行客观、有效的评价。"雅美语文节"评价细则如下(见表1-15)。

表1-15 南昌市豫章小学"雅美语文节"评价细则表

项目	评价标准	等级 （优良中差）	亮点	建议
主题	鲜明、新颖、有明确的指向性。			
	时代感强,体现学校学生形象的要求。			

项目	评价标准	等级 （优良中差）	亮点	建议
内容	活动内容新颖,符合学生的年龄特征。			
	活动环节典型,有说服力和感染力。			
	结合实际,贴近学生生活和社会现实。			
形式	寓教于乐,有利于学生个性特长的展示。			
	层次分明,结构完整紧凑。			
	丰富多样,学生喜闻乐见。			
	环境营造得体,较好地烘托节日主题。			
过程	学生热情参与,主体作用发挥好。			
	循序渐进,激发学生爱祖国、爱生活、爱他人的热情。反映了学生的认识特点和情感发生规律。			
	教师引领学生有方,指导有度。			
效果	学生积极体验,深刻感悟,激起情感共鸣。			
	学生精神振奋,思想境界得到提升。			

四、 建设"雅美社团"，享受语文学习的快乐

学校成立雅美剧团、声美小讲坛、雅墨书法、奇语妙言、小雅书社、乐思大语文、国家宝藏进校园、雅美之声广播站等众多优质语文学习社团，为学生们提供多样化、个性化的自由展示空间，张扬个性，享受语文学习带来的快乐。

（一）"雅美社团"的实践与操作

我们不仅有必修类社团，也提供了丰富的选修类社团，充分尊重学生的选择权。

门类丰富，打开思路。我们以"让每一位学生每学期至少参加一个'雅美社团'"为建设目标，引导学生广泛参与各类社团活动，力争让每一个学生都能较好地掌握一项语文专项特长。学校组织专门机构负责"雅美社团"，定期组织学习研究，协调校内外、课内外关系，保证方案正常实施。

责任到位，双师课堂。各项语文课程和活动均设立具体的负责教师，由学校根据教师在语文领域的专业、特长和爱好，在自愿的基础上统筹调配，每个课程配置 2 名教师，一名教师负责具体的教学活动安排、备课等教学任务；一名教师负责学生的召集、考勤并协助授课教师完成教学活动，以此对学生进行针对性教学。

固定时间，自主选择。我们把"雅美社团"的全部活动安排在每周固定活动时间，便于教师统一安排，也有利于学校形成浓厚的社团氛围。根据课程内容不同，面向不同年级招募参加人员，可以跨越年级，每个社团为了保障学习效果，尽量不超过 50 人。我们充分利用学校现有资源、各功能室及学生教室，真正做到物尽其极，物尽其用。

气氛浓厚，活动丰富。我们尊重学生学习语文的主体性，大大地激发学生学习语文的兴趣，在社团活动中使学生感受到角色的转化，体验成功的喜悦，使学生得到全面的发展。雅美剧团、声美小讲坛、小雅书社等一系列语文职业体验社团，真正让语文活起来，让学生在生活中感受到浓浓的语文氛围。

学校"雅美社团"课程安排如下：

1. 雅美之声广播站

该社团每周五围绕美文阅读、生活健康、校园风采、安全伴我行四块内容指导学生进行广播。

（1）美文阅读：美文阅读栏目由学生广播稿和名家名篇两块组成。文章由播音员自主选择，周五由培训老师审核。

（2）生活健康：为大家介绍各方面的小知识。如：流行疾病的预防与控制、生活小常识、小窍门、饮食健康等。

（3）校园采风：以"报道校园新风"为宗旨，捕捉学校发生的新鲜事、重大事、好人好事等。

（4）安全伴我行：安全维系我们每个人的生命和健康，维系着每个家庭的幸福和美满。借助"安全伴我行"栏目，广播安全知识。

评价方式：平时上课表现分"优、良、中、差"四等，分值分别是"5、3、2、0"。平时广播站表现分"优、良、中、差"四等，分值分别是"5、3、2、0"。学期汇报演出分"一等奖、二等奖、三等奖"，分值分别是"10、8、5"。从中评选出"雅美之声广播站"社团优秀学员。

2. 小雅书社

该社团每周四下午第二节课后开展活动，具体活动内容有："好书推荐"活动、征集读书名言、制作书签和读书卡、师生共读活动、建好班级"快乐书架"、书社板报设计活动、"快乐从书中来"主题课本剧展演。

评价方式：评选"最佳读后感""小小书虫""书香之家""最佳手抄报""最棒读书笔记"等称号。

3. 奇语妙言

该社团每周三下午课后集中学习，利用晨会时间展示。具体活动内容有：

（1）制定读书计划书。每个学生结合个人实际，制定读书成长规划和读书目标。其中要有读书的内容、目标、措施、时间等。

（2）读书博览会。每次课前十分钟，举办"读书博览会"，以"名人名言""书海拾贝""我最喜欢的一本书""好书推荐"等小板块，向伙伴们介绍看过的新书、好书，交流自己在读书活动中的心得体会。

（3）读书小报。每个学生在老师或家长的帮助下，收集有关报刊小资料、格言和读书的心得体会等，每学期出版一期读书小报，并组织一次读书小报评比活动。

（4）建立个人小书库。召开题为"如何建立自己的小书库"交流会，集思广益，谈论如何买书、存书、读书，建立起个人小书库。伙伴之间可交换阅读，定期举行"好书换着看"活动。

（5）开展读书成果展示。利用板报、宣传栏等，及时将学生的读书笔记展示出来，表扬先进，激励后进。定期组织评比活动，如：故事会、演讲比赛、书签制作、报刊剪辑等，评出"奇语妙言小博士"等优秀学生。

评价方式如下所示（见表 1-16）。

表 1-16 南昌市豫章小学奇语妙言评价细则表

评价等级	评价指标
★★★★	坚持课外阅读，坚持做好读书笔记，语言积累内容丰富，坚持"采蜜本"摘抄，做到书写工整，清晰有条理，并能背诵和灵活运用，坚持小练笔，内容精彩。
★★★	喜欢课外阅读，能做读书笔记，语言积累比较内容丰富，坚持"采蜜本"摘抄，清晰有条理，并能背诵并学着运用，坚持小练笔。
★★	经常会课外阅读，会做读书笔记，有"采蜜本"摘抄，并能背诵部分内容，在努力学着运用，有专门的小练笔本。
★	课外会阅读，开始学着摘抄"采蜜本"，偶尔能运用，有读书笔记和小练笔。

4. 声美小讲坛

该社团定于每周四下午课后学习。

(1) 教会学生阅读的方法,培养阅读能力,养成阅读习惯,增加学生的阅读量。

(2) 在练习口头表达能力的同时(演讲、论辩等),掌握对应的书面表达(演讲稿、议论文等),帮助学生们增加文学积累和底蕴,成为名副其实的"声美少年"。

(3) 通过诗歌朗诵、讲故事、演讲等方式提高学生的口语和表演基本功;通过即兴发言、创编节目、采访等,不断丰富学生的词汇量,提高语言表达能力和想象力;通过指导眼神、语调、手势动作等多方位的基本功训练,从而提高学生的自信、表达、语言方面的综合素质能力,让学生充分自信地展示自己。

评价方式如下所示(见表 1-17)。

表 1-17　南昌市豫章小学声美小讲坛评价细则表

评价等级	评　价　指　标
★★★★	仪态自然大方,声音响亮,口齿清楚,能正确、流利、有感情地朗读或演讲。
★★★	朗读或演讲声音响亮,做到较正确、流利。能读好疑问句、感叹句、反问句。
★★	朗读或演讲声音较响亮,能较正确、流利地朗读课文,错字、加字、漏字在 5 个以上。
★	朗读或演讲声音小,停顿错误较多,加字、漏字较多。

5. 雅墨书法

该社团定于每周二下午第二节课后进行。

(1) 了解中国书法的历史。

（2）书法艺术欣赏。

（3）书法作品鉴赏与创作。

（4）书法结构的训练。

（5）书法用品"文房四宝"知识。

（6）提高学生书法艺术修养。

评价方式：以小组活动的模式进行课堂练习评价、课余练习评价和活动评价。采用教师评价、学生互评、自我评价等多种方式进行。

（1）自评和他评相结合：自我阐述与评定、其他学生推举与评说等。

（2）定性评价与定量评价相结合：实际操作（课堂练习、课余练习、实际活动）、活动记录等。

（3）教师评价：评语、档案袋、活动记录等。

（4）书法作品评价：资料收集、个人感受等。

（5）比赛成绩评定。

6. 国家宝藏进校园

该社团活动时间为每周四下午，活动地点设为多媒体报告厅，活动对象为3—6年级学生。活动内容有：了解什么是国家宝藏，近距离观看国家宝藏，争做国家宝藏守护人，小组成果展示。

评价方式：根据各小组在探究过程及成果展示的情况，设置以下称号：小组类评选"最佳合作小组""最具科学态度小组""完美成果小组"；个人类评选"尽职之星""智慧之星""国家宝藏守护人"。

7. 唯美诗社

该社团活动时间为每周四下午，活动对象为3—6年级学生，内容有：

（1）诗歌大集结：社团成员通过书籍、网络等方式搜集自己喜欢的有品质的诗歌。将社团成员搜集的诗歌进行筛选，再编成一本诗歌集，人手一本。

（2）好诗大家读：由社团老师带领社团成员一起欣赏好诗，诵读好诗。

（3）我也来写诗：在积累了一定数量的诗歌之后，社团老师可以引领成员尝试自己来写诗。

（4）我是小诗人：这个阶段进行诗歌诵读比赛，诵读的诗歌可以是搜集来的，也可是原创诗。诵读的方式也可以多种多样，可以个人，也可以小组，可以表演诵读，也可以配乐诵读。

评价方式：根据课堂表现评出"最美诵读者""快乐小诗人""进步之星"。

8. 国学手势舞

该社团活动时间为每周四下午，地点为舞蹈房，活动对象为3—6年级学生。内容以《三字经》《弟子规》《千字文》等优秀国学经典为主的手势舞训练，学期末进行全校展示。

评价方式：

（1）思想内容：内容健康、向上、思想性强。（20分）

（2）朗诵能力：普通话标准、吐字清晰、节奏韵律明显。（20分）

（3）姿态：动作新颖、整齐，节奏感强，表情自然、大方。手势与内容相符，能表现国学经典内容。（20分）

（4）精神面貌：自然大方、出入有序有礼、精神饱满、衣着得体。（20分）

（5）情感：感情基调与内容相符，感情流露自然得体。（20分）

9. 汉美百家姓

该社团每周一下午第二节课后活动时间，社团学生在二（2）教室进行活动。活动内容有：百家姓主题绘画、书法活动、举行"挑战百家"活动、"姓名由来"征文比赛、讲名人故事比赛等。

评价方式：每月组织一次检测，每次抽查一小组学生，评选出"国学小雏鹰"，并评选出"优、良、合格、基本合格"不同等次，同时将检测结果在全校张贴通报，学期末对参与国学经典活动积极的学生和指导老师进行表彰和奖励。

10. 韵美诵读

该社团活动时间为周五早晨第一节课前30分钟。内容有：班级采用教师随班陪读、学生齐读、优生领读、学生自由诵读等多种形式诵读经典、感悟经典。在强化记忆力训练、丰富文化底蕴的同时，师生逐渐养成良好的阅读习惯。

评价方式：

(1) 日常观察，即时评价：评价要贯穿于活动的整个过程。一方面可以随时随地激励学生调节课程的实施；另一方面日常观察能有效地提高形成性评价的准确度和有效率。(五星制)

(2) 学校抽查：学校定期组织教师到各班级随机抽查学生的经典诗文诵读情况，将结果纳入文明班级的评比之中。(五星制)

(3) 成果展示：学校通过举行诵读评比活动，检测各班级学生的诵读情况，同时结合教师的即时评价情况，评选"诵读大王""品味经典小名士"等标兵，并在学期末优秀学生评选中，优先考虑。(五星制)

11. 诗意烹饪

中国饮食文源远流长，一道充满诗情画意的菜名和中国山水诗、山水画、园林建筑一样，同样蕴含有丰富的趣味。本社团将诗词融入菜品中，引导学生诗意生活。活动时间为每周五下午第二节课，活动对象为5—6年级学生，具体内容有：学习中国菜原料，了解中国菜名，收集写美食的诗歌，根据诗歌创制联想丰富的菜品。

评价方式：每学期设巧手奖2名、团结奖2名、分享奖2名、学习奖1名。

(二)"雅美社团"评价

"雅美社团"在丰富校园文化，培养学生兴趣，发挥学生特长，提高学生素质等方面发挥着越来越重要的作用。"雅美社团"以其更大的活动空间、更丰富的活动内容、更灵活的活动方式，深受学生的喜爱。因此，学校将"雅美社团"建设作为培养学生综合素质的重要途径，随着各个社团规模不断扩大，社团活动日益丰富，社团作用不断增强，"雅美社团"成为学校发展的一个"新亮点"。

"雅美社团"评价参照如下标准：第一，"雅美社团"活动记录认真完整。活动方案制定丰富多彩、规范细致，可操作性强，活动过程较详细，学期结束有活动反思或小结。第二，教师充分履行指导的职责。社团活动过程中，教师能进行有效的指导，帮助学生发展特长。第三，加强社团管理，注重文化建设。社团活动文明有序,体现社团主题特色。第四,学期末,学生能以个性的方式展示社团活动成果。第五,通过调查问卷、访问、谈话等形式了解学生对社团活动满意程度,满意率超过 60% 为合格,75% 为良好,85% 为优秀。

五、 完善"雅美语言环境",营造浓厚语文学习氛围

《义务教育语文课程标准(2011 年版)》指出:"自然风光、文物古迹、风俗民情,国内外的重要事件,学生的家庭生活,以及日常生活话题等也都可以成为语文课程的资源。"这丰富的资源,为我们开展语文综合实践活动,引导学生进行探究性的学习提供了无数的契机。

(一)完善"雅美语言环境"的实践操作

我们在学校现有的图书馆、阅览室的基础上,各班设立"图书漂流柜""美雅讲坛""班级读书角",每学期为学生提供必读书目,每个班级成立"班级阅读群"或"班班有读",鼓励学生共读一本、读整本书。结合学校实际情况,校内设立文化长廊,班级门口设立文化墙、作品展示墙,让每一个文字传递一种思想,让学生在学校这块土地上自由呼吸,尽情舒展。

(二)"雅美语言环境"评价

语言学习环境的完善是一个不断建设、更新、提高的整体工程,是校园文化建设水平的重要体现,也是学校个性魅力与办学特色的体现。在营造"雅美语言环境"的过程中,我们以班级为单位制定以下评价量表(见表 1‑18)。

表 1‑18　南昌市豫章小学"雅美语言环境"的评价量表

评价维度	评 价 内 容	组评	师评	平均分
图书漂流柜 (20分)	有班级学生借还数量统计。			

续　表

评价维度	评 价 内 容	组评	师评	平均分
美雅讲坛 (25分)	能充分发挥各项社会资源拓展语文知识。			
班级读书角 (25分)	布置合理，图书丰富。 有管理制度，有借还记录。			
作品展示墙 (30分)	内容丰富，图文并茂。 体现集体智慧、班级特色。			

综上所述，"雅美语文"是我们共同的教学追求。在"雅美语文"的旗帜下，我们把典雅优美融入语文教学，让语雅、文雅、行雅在教师的唤醒、激励和鼓舞中真实体现，力求形成生机有趣、返璞归真、高效灵动、自主创新的教学特色。"雅美语文"以"寓雅于教，融美于学，以雅促美"的方式培养学生完美人格，从而使学生懂得按照美的规律来建造生活，拥有追求美的高雅人生。

第二章

全 能

学科育人的多重境界

学科育人的多重境界，可从三个层面来达成：最底层以"双基"为核心，即以基础知识和基本技能为核心；中间层以"问题解决"为核心，也就是以在解决问题过程中所获得的基本方法和能力为核心；最上层以"学科思维"为核心，这一层面需要经过系统进阶的学习，通过对素养中基础知识建构过程的活动认识、体验、内化，逐步形成相对稳定的思考问题、解决问题的思维方式和价值观念。[①] 牢固把握学科教学的质和量，要从儿童的身心发展特点和所处的生活环境出发，把各学科所应具备的核心素养具体地落实到各学科的日常教学中，通过教学实践使儿童的行为发生变化，真正落实立德树人的教育目的。

---

① 陈坤.基础教育阶段学生核心素养的内涵、特性与培育条件[J].教育与教学研究,2017(6)：80—84.

智美数学： 让儿童在逻辑与智慧中生长

南昌市豫章小学数学教研组现有教师 42 人。其中,中小学高级教师 2 人,中小学一级教师 27 人;江西省"教学能手"1 人,市级骨干教师 3 人,区级学科带头人 2 人。数学组全体教师以"多元智能"理论为指导,创设了独特的"智美数学"课程群,借新颖丰富的游戏、主题鲜明的实践活动,培养儿童的数感和解决问题的能力,提升发散性思维水平,尽享数学的美妙,感受"雅思"的乐趣。

第一节 由智及美,人生因智慧而多彩

一、 学科价值观

数学是研究数量关系和空间形式的科学。《义务教育数学课程标准(2011 年版)》指出：数学作为对于客观现象抽象概括而逐渐形成的科学语言与工具,不仅是自然科学和技术科学的基础,还在人文科学与社会科学中发挥着越来越大的作用。数学素养是现代社会每一个公民应该具备的基本素养。

我们认为,小学数学教育的最终目标就是培养人在快速变迁的社会中获得高质量生存所需要的基本素养、能力和情感。随着现代科学技术的迅速发展,数学的应用领域得到了极大的拓展。数学教育大众化成为时代的要求,它可以拓展人们的数学空间和生活空间,使人们的生活变得更为丰富多彩。数学作为一门基础课程,具有基础性、普及性和发展性,其价值不言而喻。学

好数学,能为学生未来生活、工作和学习奠定重要的基础。通过"智美数学"课程的实施,可以巩固学生"双基",培养学生的抽象思维能力和推理能力,培养学生的创新意识和实践能力,进而促进学生的全面发展。

二、 学科课程理念

学校"智美数学"的课程理念是"由数生智,由智及美,人生因智慧而多彩"。我们坚信:数学长着一双智慧的翅膀,有了这双翅膀,学生就可以在知识的海洋里尽情遨游,数学将为我们打开一扇多彩的人生之窗。

"智美数学"课程旨在培养爱思考、多角度思维的学生。在丰富多彩的数学课程的天地里,我们借新颖丰富的游戏和主题鲜明的实践活动,浸润着底蕴深厚的数学文化,体验数学思维之美妙,感受数学之趣;选用合理灵活的计算方法,化繁为简,化难为易,发展学生数感,培养发散性思维能力及综合运用的能力,使学生在"乐学""善思""乐享"的学习过程中提升数学学科素养;追求小学数学教育的真义,让学生在智慧中聪颖,在趣味中成长。具体而言,学校的"智美数学"课程要义如下:

(一)"智美数学"是有智慧的数学。我们赞同这样的观点,数学是一种智慧,数学中蕴藏着一种至简至和的智慧,一种至真至通的智慧,一种创造探索的智慧[1]。数学的教学应是一种智慧的生长。"智美数学"课堂是对数学进行改造,甚至再造,凸显数学的本质——智慧,智慧的生长是基于一个整体的认识,并通过多向的探索、数学的抽象,最终简洁而和谐地描述我们的世界。

(二)"智美数学"是重实践的数学。实践出真理,探究出新知。《义务教育数学课程标准(2011年版)》指出:探究不但有利于学生理解知识的形成过程,而且有利于学生各方面能力的发展。在实践中,不仅要关注学生知识与技能的形成过程,还要关注学生创新意识的培养。

---

① 陈士文.我的"智慧数学"[J].北京:小学数学教师,2014(3):16—20.

（三）"智美数学"是促思想的数学。探索数学结论的过程，是组织开展数学活动和构建数学知识结构的不可或缺的环节。在这种探究过程中，帮助学生寻找超脱常规的方法和思路，变换思维角度，获得解决问题的新方法。这有利于学生充分体悟在这一过程中化归的思想、变换的思想等。"智美数学"的实践过程中，要将渗透数学思想落实在教学过程中。这些数学思想将对学生以后的学习、生活和工作发挥持续性的作用，为学生的终身学习和发展打下坚实的基础。

（四）"智美数学"是有情感的数学。育人为本是数学教育的终极目标。"智美数学"在课程内容的安排上有自己独到的一面，我们定位于学生的未来生活、工作和学习，努力做到让学生将所学知识充分运用。在教学过程中，我们既传授数学知识与基本技能，也着重于数学思想的感悟及提炼；不但着眼于学生数学能力的培养，更关注学生的兴趣、情感、态度、价值观的培养及创新能力的培养，从而让学生真正喜欢上数学，与数学共成长。

（五）"智美数学"是乐创造的数学。数学对人类生活的改造，其中一方面来源于数学学科本身的创造性。数学思维的广阔天地为创造性思维提供了肥沃的土壤。"智美数学"通过在"发现问题、提出问题、分析问题、解决问题"的递进过程中提升学生的数学素养，每一次问题的解决都是一次数学智慧的生长，也是一次数学学习的愉快体验，更是数学智慧的创新。

第二节　习得方法，从课程中落实素养

《义务教育数学课程标准（2011年版）》指出：数学课程能使学生获得适应社会生活和进一步发展所必需的数学基础知识、基本技能、基本思想、基本活动经验；体会数学知识之间、数学与其他学科之间以及数学与生活之间的联系，运用数学的思维方式进行思考，增强发现和提出问题的能力、分析和解决问题的能力；了解数学的价值，提高学习数学的兴趣，增强学好数学的信

心,养成良好的学习习惯,具有初步的创新意识和实事求是的科学态度,即获得"四基",增强能力,培养科学态度。

一、 课程总体目标

依据《义务教育数学课程标准(2011 年版)》的要求,我校"智美数学"课程着力培养学生的"数感、符号意识、空间观念、几何直观、数据分析观念、运算能力、推理能力、模型思想、应用意识和创新意识"十大数学核心素养,制定总目标如下:

(一) 核心知识: 多领域的数学概念

经历"数与代数"的抽象、运算与建模等过程,掌握"数与代数"的基础知识和基本技能。认识万以上的数;理解万以内的数、分数、小数、百分数的意义;了解负数的意义;掌握必要的运算技能,能正确运算;理解估算的意义;能用方程表示简单的数量关系,能理解简单的方程。

经历图形的抽象、分类、性质探讨、运动、位置确定等过程,掌握"图形与几何"的基础知识和基本技能。认识空间和平面基本图形,了解其基本特征;感受平移、旋转、轴对称现象;认识物体的相对位置,了解确定物体位置的基本方法;掌握测量、识图和画图的基本方法。

经历在实际问题中收集和处理数据、利用数据分析问题以及获取信息的过程,掌握"统计与概率"的基础知识和基本技能。掌握简单的抽样、整理调查数据、绘制统计图表等数据处理方法和技能;体验随机事件和事件发生的可能性。

(二) 关键能力: 数学问题的解决能力

初步学会从数学的角度发现问题和提出问题,综合运用数学知识、技能和方法等解决简单的实际问题,增强应用意识,提高实践能力;获得分析问题和解决问题的一些基本方法,体验解决问题方法的多样性,发展创新意识;学会运用数学的基本思想和思维方式独立思考;学会与他人合作交流;初步形成评价与反思的意识。

(三)思维方法：数学学科的科学思维

数学基本思想主要指：数学抽象的思想、数学推理的思想、数学建模的思想。关于思维方法的具体目标为：建立数感、符号意识和空间观念,初步形成几何直观和运算能力,发展形象思维与抽象思维;在参与观察、实验、猜想、证明、综合实践等数学活动中,发展合情推理和演绎推理能力,清晰地表达自己的想法;体会统计方法的意义,发展数据分析观念,感受随机现象。

(四)学科品格：数学学科的独特文化

积极参与各种数学活动,对数学充满好奇心和求知欲;在数学学习过程中,积极探索、克服难题、体验获得成功的乐趣,建立自信心;体会数学的特点,了解数学学科的价值;养成认真勤奋、独立思考、积极探索、合作交流、发散思维、质疑反思等良好的学习习惯,形成实事求是的科学态度。

二、课程具体目标

学校结合《义务教育数学课程标准(2011年版)》对学段目标的要求,制定了"智美数学"课程体系各年级的课程目标(见表2-1)。

第三节　多样课程，引领儿童向美靠近

课程依据《义务教育数学课程标准(2011年版)》的相关标准,遵循小学生的年龄特点而自主开发,基于"由数生智,由智及美,人生因智慧而多彩"的理念,设置了"智美数学"的课程结构,将课程分为"智美运算""智美拼图""智美统计""智美体验"四大类,引领学生向美靠近。学校"智美数学"课程由普及型课程和特色型课程共同组成。普及型课程主要培养学生终身发展和

表 2 - 1 南昌市豫章小学"智美数学"课程具体目标

年级	知识技能	数学思考	问题解决	情感态度
一年级	1. 加深对百以内数的认识与计算方法的理解。 2. 加深对立体图形和平面图形的认识与辨析。 3. 在实践活动中，深入理解收集、整理数学信息的渠道与方法。	1. 从生活情境中抽象出100以内的数、探索100以内数的加减法计算方法，发展初步的观察、分析、抽象、概括能力，培养学生独立思考和探索的意识，建立初步的数感与符号感。 2. 在认识图形方位及长度单位的过程中，发展学生的观察、想象和动手实践能力，形成初步的空间观念。 3. 学习简单的统计，能对统计结果的合理性进行初步的分析判断，形成初步的统计意识。	1. 在具体的情境中，发现并提出用100以内数的加减法解决的问题，发展应用意识。在探索、交流计算方法的过程中，感受可以用不同的方法解决问题。 2. 能综合运用方位、图形等知识解决问题。 3. 在自主探索与合作交流的过程中，解决的具有一定挑战性的问题，初步学会用数学语言表达解决过程和题的大致结果。	1. 体会学习数学的乐趣，提高学习数学的兴趣，树立学好数学的信心。 2. 养成认真学习、书写整洁的良好习惯。 3. 能在小组活动中积极与他人合作，相互帮助，完成任务，形成初步的创新意识和动手实践能力。积累与同伴合作解决问题的活动经验。

续表

年级	知识技能	数学思考	问题解决	情感态度
二年级	1. 加深对乘法、除法的含义的理解，熟练掌握乘除法运算。 2. 加深对长方形、正方形的特征的认识。 3. 加深对千米、分米、毫米的体会，能恰当地选择长度单位。 4. 进一步了解统计的意义，体验数据的收集、整理、描述和分析的过程，会用简单的方法收集和整理数据，并能按不同的类别分类整理。	1. 从生活情境中认识较大数，能用万以内的数描述具体的事物，发展初步的观察、分析、抽象、概括能力，建立初步的数感和符号感。 2. 探索三位数加减法的计算方法，初步形成独立思考和探索的意识。在进行估算的过程中，初步形成估算意识。 3. 在解决简单的混合运算问题中，体会分析问题的基本思想方法，有条理地进行简单的思考。	1. 能用加减法、加减混合运算解决有关知识的有关的实际问题。 2. 能用统计知识解决日常生活中的有关问题。 3. 会用简单的方法收集和整理数据，并能按不同的类别分类整理。	1. 体会学习数学的乐趣，提高学习数学的兴趣，树立学好数学的信心。养成认真学习、书写整洁的良好习惯。 2. 能在小组活动中积极与他人合作，相互帮助，完成初步的合作意识、创新意识和动手实践能力，积累与同伴合作解决问题的经验。 3. 通过实践活动，体验数学与日常生活的密切联系。

续　表

年级	知识技能	数学思考	问题解决	情感态度
三年级	1. 加深对三位数加减法、一位数除多位数笔算，两位数乘两位数的乘法算理的理解，熟练掌握运算。 2. 加深对平行四边形、长方形和正方形的特征的认识。加深对周长、面积概念的理解。 3. 进一步建立几个观念：1千米的长度观念，分秒的时间观念，1千克、1吨的质量观念，体会并认识面积单位。 4. 进一步学会辨别方向，会看简单的路线图，能描述行走的路线。 5. 进一步了解统计的意义，体验数据的收集、整理、描述和分析的过程。	1. 探索计算方法，初步形成独立思考和探索的意识，建立初步的数感和符号意识。在进行估算的过程中，初步形成估算意识。 2. 探索四边形、长方形、正方形等图形的特征，形成初步的空间思维能力。 3. 在参与观察、猜想、实验等数学活动中，发展合情推理和演绎推理能力。 4. 学会独立思考，体会数学的基本思想和思维方式。	1. 初步学会从数学的角度发现问题、提出问题，综合运用知识解决简单的实际问题，增强应用意识，提高实践能力。 2. 学会并掌握一些解决问题的策略，体会解决问题策略的多样性。 3. 初步形成评价与反思的意识。	1. 体会学习数学的乐趣，提高学习数学的兴趣，树立学好数学的信心。 2. 养成努力学习、积极探索的良好习惯。 3. 能在小组活动中积极与他人合作，相互帮助并完成任务，创新意识和动手实践能力，积累与同伴合作解决问题的经验。 4. 体验数学与日常生活的密切联系，初步形成综合运用知识解决问题的能力。

续　表

年级	知识技能	数学思考	问题解决	情感态度
四年级	1. 加深对计数单位、三位数乘两位数的笔算乘法，除数是两位数的除法算理的理解，熟练掌握乘除法运算。 2. 加深对平行与垂直、平行四边形和梯形的特征的认识。 3. 加深对角的度数的体会，熟练掌握量角器的用法。 4. 联系具体的问题情境，体验用折线统计图的作用，掌握用折线统计图表达数据的方法，并能按照数据统计图里的数据变化进行简单的分析和预测。	1. 在联系已有知识探索计算方法的过程中，充分开展猜想、讨论、解释、交流等活动，发展推理能力。 2. 能用字母表示数、用含有字母的式子表示运算规律和概括数量关系，发展抽象思维和符号感。 3. 探索一些平面图形特征和对图形进行变换以及发展学生形象思维和空间观念。	1. 能从现实情境中提取数学问题，并能运用所学的数学知识加以解决；能用含有字母的式子表示问题的结果，并进行解释和说明。 2. 能将简单图形平移或旋转到指定位置，能灵活运用对称、平移，旋转的方法在方格纸上设计图案。 3. 能用计算器探索积的变化规律和商不变的变化规律，并能说明所得的结论。 4. 学会并具有一些解决问题的策略，体会解决问题策略的多样性。	1. 体会学习数学的乐趣，提高学习数学的兴趣，建立学好数学的信心。 2. 养成努力学习，积极探索的良好习惯。 3. 在解决问题的过程中，学会问题表达的大致解决问题和结果，体会解决问题策略的多样性，学会与同伴合作，积累丰富的数学活动经验。 4. 通过实践活动，体验数学与日常生活的密切联系。

续　表

年级	知识技能	数学思考	问题解决	情感态度
五年级	1. 加深对小数乘法和小数除法的笔算，约分和通分、分数加减法的算理的理解，熟练掌握运算率。 2. 深入探索并掌握平行四边形、三角形、梯形的面积公式及应用。 3. 进一步探索并掌握长方体和正方体的体积和表面积的计算方法，探索某些实物体积的测量方法。 4. 进一步体验事件发生的等可能性以及游戏规则的公平性。加深对复式折线统计图的认识。	1. 在联系已有知识探索计算方法的过程中，充分开展猜想、讨论、解释、交流等活动，发展推理能力。 2. 学习平面图形、立体图形面积、体积计算公式的探索和应用，发展形象思维和抽象思维，培养空间想象力。 3. 学会独立思考，体会数学的基本思想和思维方式。	1. 从实际生活中发现问题、提出问题，体会数学在日常生活中的作用，初步形成综合运用数学知识解决问题的能力。 2. 体会解决问题策略的多样性及运用优化的数学思想解决问题的有效性。	1. 积极参与数学活动，对数学有强烈的好奇心和求知欲。 2. 在数学学习过程中，体验获得成功的乐趣，锻炼克服困难的意志，建立自信心。 3. 养成认真勤奋、独立思考，反思质疑等习惯，形成实事求是的科学态度。 4. 通过实践活动，体验数学与日常生活的密切联系，形成发现生活中数学的意识。

续　表

年级	知识技能	数学思考	问题解决	情感态度
六年级	1. 加深对分数乘除法算理的理解，熟练掌握分数乘除法运算。 2. 加深对比、比例的意义和性质的理解。 3. 加深对圆、圆柱、圆锥的特征的认识，会计算圆的周长和面积、圆柱、圆锥的表面积和圆柱、圆锥的体积。 4. 进一步了解统计的意义，体验数据的收集、整理、描述和分析的过程，能根据需要选择合适的统计图表示数。	1. 从实际生活中发现问题，提出问题，解决问题，体会数学在日常生活中的作用，初步形成综合运用数学知识解决问题的能力。 2. 体会解决问题策略的多样性及运用假设的数学思想方法解决问题的有效性，感受数学思想的魅力。形成发现生活中数学的意识，初步形成观察、分析及推理的能力。	1. 能解决有关比、比例的简单实际问题。 2. 能运用圆、圆柱、圆锥的知识解决生活中的实际问题。 3. 能根据数据需要选择适的统计图表示数据。	1. 积极参与数学活动，对数学有强烈的好奇心和求知欲。 2. 在数学学习过程中，体验获得成功的乐趣，锻炼克服困难的意志，建立自信心。 3. 养成认真勤备、独立思考、合作交流、反思质疑等学习习惯，形成实事求是的科学态度。 4. 通过实践活动，体验数学与日常生活的密切联系，形成发现生活中的数学的意识。

适应未来社会所需的共同基础；特色型课程主要满足学生的个性化学习需求，激发和培养学生的潜能和个性特长，培养学生的自我认知和自我学习的能力。

一、学科课程结构

　　结合学校历史文化、学校"美雅课程"理念以及数学学科课程理念，围绕数学学科"数学抽象、逻辑推理、数学建模、直观想象、数学运算和数据分析"等核心素养，我们以国家课程为基础，在"智美运算""智美拼图""智美统计""智美体验"四个方向进行课程构建，从而形成"智美数学"课程群（见图2-1）。

图2-1　南昌市豫章小学"智美数学"课程结构图

　　（一）"智美运算"内容为数的运算及与运算相关的趣味游戏等。"数与代数"是小学数学基础课程的重要内容，我校"智美运算"课程立足于课本，开设了"神机妙算""机智巧算""百数能手""速算能手""笔算达人""精打细算""妙算巧算""小收银员""小管理师"等与"数与代数"相关联的拓展课程。"智美运算"课程的开设，目的在于发展学生的数感，提高学生的运算能力，以及灵活选用合理的运算规律进行简便计算，帮助学生进一步理解运算的算理，激发学生学习数学的兴趣。

　　（二）"智美拼图"内容为拼搭图形、创作图形，以及设计创作空间模型。

开设的课程有"搭搭乐园""拼拼乐园""测量能手""绘画能手""篱笆有多长""面积有多大""四边形揭迷""三角形探秘""小小测量师""小小建筑师""游车轮世界""观客家围屋"等。注重发展学生的空间观念,经历拼搭图形的过程,体会图形之间的联系与变化,在活动中提高动手操作能力,发展初步的创新意识,感受图形之美。

(三)"智美统计"内容为数据的分类、收集、整理、分析,感受如何从烦乱的数据中得到自己想要的结果。开设的课程有"历历可数""井然有序""搭配能手""思考能手""统计能手""小预测师""数据分析师""幸运大转盘""图表大比拼"等。注重发展学生的数据分析观念,经历在实际问题中收集和处理数据、利用数据分析问题、获取信息的过程,掌握数据收集、整理和分析的方法,能对数据进行归类,体验数据中蕴含的信息。

(四)"智美体验"内容为创设生活情境,解决生活中真实存在的问题。开设的课程有"家里的数学""购物的数学""编码探索记""校园寻宝记""生活优化记""古书探秘记"等,目的在于培养学生综合运用所学知识解决实际问题的能力,培养学生的问题意识和应用意识,积累与生活有关的基本的活动经验,获得分析问题和解决问题的一些基本方法,体验解决问题方法的多样性,发展创新意识。

二、 学科课程设置

根据上述学科课程结构,学校"智美数学"课程除了普及型课程之外,还有特色型课程,设置如下表所示(见表2-2)。

第四节　智慧分享，多维评价促进发展

数学学习是一个生动活泼、主动和富有个性的过程。这就要求数学课程的实施要符合学生的认知规律,贴近学生的实际,这样有利于学生体验与理

表 2-2 南昌市豫章小学"智美数学"课程设置表

课 程 目 标	实施年级	"智美运算"（数与代数领域）	"智美拼图"（图形与几何领域）	"智美统计"（统计与概率领域）	"智美体验"（综合与实践领域）
1. 能熟练地口算 20 以内的加法和 20 以内的不退位减法；能熟练地口算 100 以内的加法。 2. 通过"搭一搭""拼一拼"进一步体会各种几何图形的特征，发展空间观念，选择创造力和空间想象；利用七巧板拼搭出多种图案，在动手拼搭的过程中感悟数学学习的乐趣。 3. 学会整理自己的书包、文具等，在整理过程中养成良好的习惯。 4. 通过"家中数学""购物数学"等活动，综合运用已学的数学知识解决问题，感受数学无处不在；把"我"和小伙伴们按照不同的分类标准进行分组，抽象出共性的特征，把握小伙伴们的分类特征及能力以及整理数据的能力，感受数学在日常生活中的运用。	一年级上学期	神机妙算	搭搭乐 （立体图形）	历历可数	家中数学
	一年级下学期	机智巧算	拼拼乐 （平面图形）	井然有序	购物数学

续 表

课 程 目 标	实施年级	"智美运算"（数与代数领域）	"智美拼图"（图形与几何领域）	"智美统计"（统计与概率领域）	"智美体验"（综合与实践领域）
1. 结合具体情境，理解乘法、除法的意义，知道乘法、除法算式中各部分的名称。能正确地运用乘法口诀求积、求商。会用口诀计算简单的乘加、乘减、连乘、连除、乘除混合口诀，并通过凑整计算进一步巩固课内100 以内加减和乘法口诀，让计算变得更加简便快速。 2. 通过拼、摆图形等活动，加深对角及乘法的认识和理解。能在现实情境中辨认方位，基于已有的图形认识来认识较复杂的图形，并通过判断奇偶点以实现对图形是否能一笔画的判断。 3. 通过搭配活动，让学生考虑所有可能情况，旨在学生利用有序思考的数学思想，做到不重复、不遗漏。在教师的引导和鼓励下，积极参与数学活动，对数学与日常生活的密切联系，体验数学的用途。 4. 通过审题，抓住关键字词，正确高效地解决问题，增强学好数学的信心。在他人的指导下，逐步养成良好的学习习惯。	二年级上学期	百数小能手	测量小能手	搭配小能手	VR小能手
	二年级下学期	速算小能手	绘画小能手（轴对称或者平移内容）	思考小能手	审题小能手

续　表

课 程 目 标	实施年级	"智美运算"（数与代数领域）	"智美拼图"（图形与几何领域）	"智美统计"（统计与概率领域）	"智美体验"（综合实践领域）
1. 学习多位数乘一位数的计算，学会乘法竖式的书写格式，理解竖式每一步计算的含义。会计算除数是一位数利用这些计算方法以及两位数乘两位数的计算，并能够利用这些计算方法解决数学问题。 2. 探索并发现长方形、正方形周长计算极探究，大胆尝试的自主学习能力和同学间协作互助的精神。使学生探究并掌握长方形、正方形的面积计算公式，获得探究学习的经历；会使用公式正确计算长方形、正方形的面积，能估计所给的长方形、正方形的面积。	三年级上学期	笔算小达人	篱笆有多长	无	编码探索记
3. 使学生在具体的统计活动中认识复式统计表，能根据数据收集、整理的数据填写统计表，并能根据统计表中的数据进行简单的分析。 4. 初步了解身份证号码中蕴含的一些简单信息和编码的含义，探索数字编码的简单方法，尝试运用数学方法解决实际生活中的简单问题，初步培养应用意识和实践能力。根据学过的8个方向，制作"校园寻宝"路线图，让学生观察简单的路线图，描述行走路线，根据指定的方向找到目的地的宝藏。	三年级下学期	乘除小达人	面积有多大	统计小能手	校园寻宝记

续　表

课　程　目　标	实施年级	"智美运算"（数与代数领域）	"智美拼图"（图形与几何领域）	"智美统计"（统计概率领域）	"智美体验"（综合实践领域）
1. 能正确计算三位数乘两位数的乘法、三位数除以两位数的除法，会进行一些简便运算；根据小数的意义能正确地进行单位转换；能正确计算小数加减法、小数乘法、小数混合运算及应用运算定律进行小数简便运算。 2. 通过"三角形探秘"的实践活动，发展学生的空间观念。 3. 学会用流程图表示事情的安排顺序，知道统筹方法在生活中的应用，能根据实际情况合理安排时间，养成珍惜时间的好习惯。 4. 在综合实践中体验探索的方法，培养学生科学的思维品质，从数学的角度来寻找、发现、思索、解决问题。	四年级上学期	精打细算	四边形揭秘	体育小达人	生活优化记（合理安排时间）
	四年级下学期	妙算巧算	三角形探秘	美食小达人	古书探秘记

续表

课程目标	实施年级	"智美运算"（数与代数领域）	"智美拼图"（图形与几何领域）	"智美统计"（统计与概率领域）	"智美体验"（综合实践领域）
1. 通过"小小收银员""小小管理师"活动，理解小数、分数四则运算的意义，理解分数及混合运算的方法，并能正确地进行计算；会用等式的性质解简易方程，并用方程解决一些简单的问题。 2. 作为小小测量师，掌握平行四边形、三角形和梯形面积计算公式并正确计算。作为小小建筑师，知道体积和容积的意义及度量单位，掌握长方体和正方体的体积、表面积的计算方法。 3. 在植树问题中，通过设计园艺美化，运用学过的知识解决实际问题。在数据分析中，认识折线统计图。 4. 通过"小小质检师"的活动体验，体会解决问题策略的多样性，进而优化思想。	五年级上学期	小小收银员	小小测量师	小小预测师	小小园艺师
	五年级下学期	小小管理师	小小建筑师	小小数据分析师	小小质检师

续表

课程目标	实施年级	"智美运算"（数与代数领域）	"智美拼图"（图形与几何领域）	"智美统计"（统计与概率领域）	"智美体验"（综合实践领域）
1. 理解分数乘除法、百分数、负数、比例（正反比例）的意义，掌握分数乘除法的计算方法，会用负数表示一些日常生活中的问题，能解决有关百分数的简单问题，会利用比例（尺）知识解决问题。 2. 认识圆、圆柱、圆锥的特征，会计算圆的周长和面积、圆柱的表面积和体积、圆锥的体积，能解决有关的实际问题。能用方向和距离表示位置，初步体会坐标的思想。 3. 认识扇形统计图，能根据需要选择合适的统计图表示数据。经历收集、整理、分析数据的过程，掌握统计的基本知识和技能，并能解决简单的问题。 4. 经历从实际生活中发现、提出、分析和解决问题的过程，体会数学在日常生活中的作用，体会解决问题策略的多样性及运用数学思想方法解决问题的有效性、优越性，感受数学的魅力。	六年级上学期	游分率世界	走进车轮世界	幸运大转盘	起点在哪儿
	六年级下学期	游百分数世界	走进客家围屋	图表大比拼	车轮转起来

解、思考与探索。课程内容的组织要重视过程，要重视直观，要重视直接经验。动手实践、自主探索与合作交流是学习数学的重要方式，所以在课程实施中要为学生创造足够的时间和空间去经历观察、实验、猜测、计算、推理、验证等活动过程，也要引导学生与伙伴分享学习收获。我们建立灵活的评价系统促进在学习过程中学生的各方面能力得到更好的发展。

一、 建构"智美课堂"，彰显数学课堂教学魅力

"智美课堂"是在学校"美雅教育"的基础上建立的数学学科特色课堂。"智美课堂"坚持"由数生智，由智及美，人生因智慧而多彩"。

（一）"智美数学"实施四部曲

1. 创设情境，激发兴趣。在教学实践中，教师在备课时要立足学生已有的经验基础，充分考虑学生的兴趣，根据学习内容挖掘各种教学资源（可以是文本资源，也可以是图片、声音、视频资源，或者是其他方面的学习资源），从导入到练习，创设学生感到新奇和有趣的情境，调动学生的学习热情。

2. 交流互动，构建新知。学生在教师的组织和引导下讨论和交流，根据教师创设的情境，结合新知与同伴交流互动，在交互的对话中，互相质疑，共享集体思维碰撞的成果，体验交流的快乐与乐趣。达到对所学内容比较全面、正确的理解，完成对所学知识的建构。

3. 展示研讨，智慧分享。在交流互动之后，学生将已习得的知识在全班进行展示分享，体验到智慧共享之趣。在展示分享中对学生所反映的情感、态度、解题方法、合作等方面进行及时的评价，鼓励学生自我纠正，自我提高。

4. 拓展延伸，共同成长。这是对师生学习成效的延展，也是对教学目标的监测与评价，更是将学习内容的扩展与应用。它真正体现了师生的教学相长、共同成长。以学生的生成作为"蓝本"，在独立建构的基础上，思维相互碰撞，逐步对知识进行完善。通过交流展示，在师生的思辨中逐渐明晰、建构知识网络。

（二）"智美课堂"评价要求

评价内容：主要从学生的课堂表现、学习目标的完成情况、学生参与课堂的热情、小组合作意识、能力发展及测试情况等方面进行评价。

评价目标：主要从知识或技能方面、兴趣爱好、潜能开发、综合实践能力、精神品质等方面进行评价。

评价方式：自评、师评、互评、家长评。

1. 自我评价：自我评价的项目和方法的确立有三个途径，一是由教师确立，二是由教师提供建议让学生选择，三是完全由学生自主确立。根据已确立的评价项目和方法，学生进行自我评价（见表2-3）。2. 教师评价：由教师通过观察学习过程中的情况记录，以及多种形式的作业、作品等对学生进行评价。3. 相互评价：借助评价量表进行生生互评，教师自评（见表2-4）。4. 家长评价：学生家长参与评价。

表2-3　南昌市豫章小学"智美课堂"自评表

评价主体		评 价 标 准	评分
学生学习	预习情况（5分）	按时完成导学案。（2分）	
		预习有质量，能提出有价值的问题。（3分）	
	学习过程（40分）	参与状态：兴趣浓厚，精神饱满。（10分）	
		交往状态：互学互助，有效合作，组织有序，研讨有获。（10分）	
		思维状态：善于思考，能提出有价值的问题。（10分）	
		生成状态：积极投入，应答及时，自信展示。（10分）	
教师教学	导学设计（5分）	目标明确，重点突出，难易恰当。（2分）	
		实用性、可操作性强。（3分）	

续　表

评价主体		评　价　标　准	评分
教师教学	课堂活动（40分）	目标明确,设计合理,因材施教。(10分)	
		点拨恰当,指导有度。(10分)	
		活动自主,合作学习。(10分)	
		赏识激励,评价及时。(10分)	
	个人素质（5分）	基本功扎实,亲近学生,智慧教学。(5分)	
	课堂创新（5分）	恰当运用多媒体技术,理念先进,教学创新。(5分)	

表2-4　南昌市豫章小学"智美课堂"互评表

课题		执教人		评课人		班级	
维度		A	B	C	D		
		85—100	75—84	60—74	60以下		
因材施教	趣味性（30分）	1. 目标明确。学习目标的制定明晰,目标具体可测评。 2. 以学定教。立足学生已有的经验基础,充分考虑学生的兴趣,根据学习的内容挖掘各种教学资源,创设学生感兴趣的情境,调动学生的学习热情。 3. 因材施教。在课堂教学的各个环节中,要关注学生差异性,要兼顾各个层面的学生。					
	主体性（20分）	1. 活动自主。坚守让学生自主发现问题、提出问题、分析问题和解决问题的原则。 2. 赏识激励。关注学习过程,课堂评价及时、准确、丰富,并且以激励、欣赏为主。 3. 寓教于乐。教态亲切,语言亲和,方法灵活。					

续　表

维度		A	B	C	D
		85—100	75—84	60—74	60以下
学有所获	参与度 (20分)	1. 互帮互学。有效进行小组合作学习。 2. 积极参与。在学习过程中学生积极投入、气氛活跃。 3. 乐思深耕。学生的思维有广度有深度,勇于发表观点,乐于听取别人的意见。			
	发展性 (20分)	1. 知行合一。重知识与能力的综合,重过程与技能的转化,重体验与品质的过渡。 2. 目标达成。体现教——学——评的一致性,学习目标完成度高。 3. 启迪心灵。关注学生的内心成长,让学生在学习知识中体会到学习的快乐,乐学乐思。			
创新思维	创新性 (10分)	恰当运用电子白板等多媒体,理念先进,教师创教,学生创学,课堂中有创新点。			

二、 开设"智美社团",让学习丰富多彩

学校的"智美社团"立足于促进学生当前与未来生活幸福指数的提高,放眼于促进社会的进步和全球可持续发展,内容有百变七巧板、趣味数学、数学游戏等。通过学生社团活动,充实课余生活,陶冶道德情操,提高科学素养,发现和培养儿童的潜能与特长,促进儿童身心全面发展。我们充分发挥学校名师工作室优势,培养教师的社团组织和实践能力,不断提升自身专业素质。同时,培养学生自我管理集体的意识和领导能力,建立新型的师生关系。

"智美社团"活动总体目标:围绕"立德树人"目标,激发学生兴趣,开阔学生视野,培养学生的主体意识、参与意识、合作意识、竞争意识,落实数学核心素养,使学生形成良好的道德风尚、创新精神和个性品质。

学校通过多元的评价,导航"智美社团"向着高品质的方向发展,制定了"智美社团"评价表(见表2-5)。

表 2-5 南昌市豫章小学"智美社团"评价表

评价对象	指标体系	评定标准		
		评价内容	自评	督评
社团工作	1. 组织建设方面	1. 章程、制度健全。 2. 有社团指导教师。		
	2. 活动目标和计划方面	1. 有年度活动目标。 2. 活动目标明确且具体。 3. 有实现目标的行动计划。 4. 计划科学、合理且可行。		
	3. 学生活动方面	1. 工作积极主动,活动到场率高。 2. 生生合作、师生互动好。 3. 学生有问题意识。 4. 学生有较多的体验和感受。		
	4. 指导教师表现	1. 服务意识强,为社团成员办实事。 2. 积极参加学校组织的培训或会议。 3. 经常交流工作情况,工作顺利开展。 4. 工作能力强。		
	5. 活动成效方面	1. 活动正常开展,受到社团成员的欢迎和校领导的肯定。 2. 学生活动自主性高,学生得到充分的锻炼。 3. 活动在校园网上有宣传或活动有成果。		
	6. 参与学校校本课程的开发、科研、创新工作方式方法	1. 能参加学校组织的培训活动。 2. 能及时总结工作中的经验教训。 3. 开发校本课程或有关社团的科研论文。 4. 创新工作方式方法。		

续　表

评价对象	指标体系	评定标准		
		评价内容	自评	督评
	7. 活动记录记载和资料保存方面	1. 记录记载及时。 2. 各种记录记载保存完好。 3. 开展优秀社员评比。 4. 已建立社团成员活动档案袋。		
	8. 积极参加和配合上级部门开展活动方面	1. 社团成员基本能参加上级部门组织的各项活动。 2. 社团成员积极参加上级部门组织的各项活动。		
	9. 活动安全方面	1. 活动安全措施到位。 2. 活动的同时,培养学生的安全意识。		

三、 设立"智美数学节",激发数学学习兴趣

"智美数学节"以一系列数学活动为基本载体,为全体学生展示自身的聪明才智和创新能力提供平台,使其感受数学的无穷魅力,享受数学学习的乐趣。通过举办"智美数学节"(具体安排见表2-6),提升校园数学文化氛围,激发儿童学习数学的兴趣,使儿童树立学好数学的信心,培养创新意识和创新能力。在举办"智美数学节"的同时,学校借助评价系统(见表2-7)来激发学生的数学学习兴趣,在数学活动中增长才能,增强学好数学的信心,感受数学学习的快乐。

表 2-6　南昌市豫章小学"智美数学节"活动安排表

活动时间	5 月第二周及 11 月第二周
活动形式	具 体 要 求
"智美数学"故事会	以故事会的形式让学生了解数学，以讲故事的形式展示数学知识，故事内容可以是数学家的故事、有趣的数学故事等。
"智美数学"小制作	根据学生学习的数学知识，开展数学小制作，在动手操作中进一步巩固知识。
"智美数学"主题绘画	以"我心中的数学"为题，想象作画。要求能用数字、几何图形等数学元素表现心中的数学，绘画形式不限，评选出的优秀作品参加全校展览。
"智美数学"手抄报	围绕"弘扬数学文化，感受数学魅力"的主题，学生可独立或合作完成制作数学手抄报，评选出的优秀作品参加全校展览。手抄报内容可包括：数学家的故事、数学名人名句、数学名题、数学趣题、脑筋急转弯、数学日记等。

表 2-7　南昌市豫章小学"智美数学节"评价表

项目	评 价 标 准	等级	亮点	建议
主题	鲜明、新颖、有明确的指向性。			
	时代感强，体现学校学生形象的要求。			
内容	活动内容新颖，符合学生的年龄特征。			
	活动环节典型，有说服力和感染力。			
	结合实际，贴近学生生活和社会现实。			
形式	寓教于乐，有利于学生个性和特长的展示。			
	层次分明，结构完整紧凑。			
	丰富多样，学生喜闻乐见。			
	环境营造得体，较好地烘托节日主题。			

续　表

项目	评 价 标 准	等级	亮点	建议
过程	学生热情参与,主体作用发挥好。			
	循序渐进,激发学生爱祖国、爱生活、爱他人的热情。反映学生的认知特点和情感发生规律。			
	教师引领学生有方,指导有度。			
效果	学生积极体验,深刻感悟,激起情感共鸣。			
	学生精神振奋,思想境界得到提升。			

四、 利用"智美网络",促进学习方式的多元化

网络学习不仅是现代社会学习方式的一种潮流,更是未来学习的趋势。借助"智美网络",构建数学学习新型方式势在必行。

(一)"智美网络"的实施

为让学生能在鲜明的网络特色下学习数学,我们主要从以下两个方面探索"智美网络"的实施:

1. 校园信息化建设,助力学习方式变革。我校的所有班级都已实现班班通,我校三个校区之间已实现校校互通、班班互联、资源共享,教师日常教学中信息技术应用相对成熟。我们将继续加强校园信息化建设,助力教与学方式的变革。

2. 构建移动学习平台,创设数学学习新模式。在"班班通"平台、希沃平台、微信公众号等多种移动学习平台上,学生可以参与在线课程、专题讨论、疑难解答、博客学习等活动,创造数学学习的新模式。

（二）"智美网络"的使用评价（见表2-8）

表2-8　南昌市豫章小学"智美网络"使用评价表

评价维度	评 价 内 容	组评	师评	平均分
教学内容（20分）	能把学科知识直观化,提高知识展示的效率,培养学生发散性思维。			
教学方式（25分）	能够促进学生对知识的理解,提高其学习兴趣,让学生学会思考,进行启发式教学。			
学习方法（25分）	能创新学习方法,将其变成学生喜闻乐见的形式,学生的学习状况得到改善。			
课堂效率（30分）	能及时反映学生学习中的问题,教师能够及时解答,休现学习的灵活性。			

　　总而言之,我们以课程实践为基础,让多样活动成为载体,秉承智慧的本质,努力提升课程的育人功能。让数学文化浸润校园的每一个角落,让快乐和智慧浸润每一个学生的心灵,让每一个学生在"智美数学"中不断成长,感受到"有情感、善明辨、促思想、重实用、乐创造"的积极作用,为学生营造一个充满数学韵味的童年。

第 三 章

全 景

学科育人的丰富内涵

学科课程是以人类文化遗产为基础组织起来的课程形态，它拥有独特的知识体系、固有的逻辑范式、相应的思维方式以及内蕴的文化架构。学科育人是以学科知识为载体，深入挖掘学科本身内在精神价值的过程。每个学科都有一套符号体系，这是学科最表层的东西。学科育人的关键在让学科符号与日常生活建立积极的联系，让儿童经历学科活动过程，理解符号内在的意义，引导儿童理解若干关键概念及相互之间的关系，把握学科思维方式，体验学科的思想方法。从学科教学到学科育人的转变，[1]这是学科课程群建设的全部内涵。

① 柳夕浪. 从课堂改革走向学科育人[N]. 中国教师报,2018－06－06(5).

悦美音乐：用美好的旋律滋养儿童心灵

南昌市豫章小学音乐教研组现有教师 13 人，其中，中小学一级教师 3 人，各级骨干教师、学科带头人 4 人。音乐教研组充分发挥团队合作的力量，定期组织现场教学竞赛评比、教师基本功比武，积极参加南昌市"园丁杯"、东湖区"骏马杯"等音乐学科教学竞赛，申报省市各级课题，编排各类音乐、表演、朗诵类节目，老师们形成一定的教学风格。音乐教研组全体老师秉承"从始至终，悦美悦心"的"悦美音乐"课程理念，用美好的旋律滋养学生心灵。

第一节　提升音乐素养，愉悦儿童心灵

一、学科价值观

《义务教育音乐课程标准(2011 年版)》指出：音乐是人类最古老、最具普遍性和感染力的艺术形式之一，是人类通过有组织的音响实现思想和感情的表现与交流必不可少的听觉艺术，是人类精神生活的有机组成部分；作为人类文化的一种重要形态和载体，音乐蕴含着丰富的文化和历史内涵，以其独特的艺术魅力伴随人类历史的发展，满足人们的精神文化需求。对音乐的感悟、表现和创造，是人类的一种基本素质和能力。音乐课是人文学科的一个重要领域，是实施美育的重要途径之一，是基础教育阶段的一门必修课。

我们认为，音乐课程的核心价值是主要体现在审美体验价值、创造性发

展价值、社会交往价值和文化传承价值四个方面。^① 音乐教学能为儿童提供审美体验,陶冶情操,启迪智慧;开发儿童创造性发展潜能,提升创造力;传承民族优秀文化,增进儿童对世界音乐文化丰富性和多样性的认识和理解;促进儿童人际交往、情感沟通及和谐社会的构建。

具体而言,学校的"悦美音乐"课程要义如下:

(一)"悦"。音乐是悦耳动听的。音乐课程通过以聆听音乐、表现音乐和音乐创造活动为主的审美活动,使学生充分体验蕴涵于音乐音响形式中的美和丰富的情感,为音乐所表达的真善美的境界所吸引、所陶醉,与之产生强烈的感情共鸣,让学生在愉悦的音乐世界里滋养美好的心灵。^②

(二)"美"。作为情感艺术的音乐教育,必须遵循美育自育的规律,丰富学生的情感体验,培养学生对旋律、节奏、速度、力度等音乐基本要素的感受能力,并通过多种感觉的协调活动来帮助学生感受音乐美,使他们在声情并茂中张扬自身的个性,全身心地投入到音乐学习活动中去,让学生在轻松愉快的气氛中感受美、理解美、体验美和表现美。^③

通过"悦美音乐"引领学生徜徉在悦耳而美好的音乐世界中,愉悦学生的身心,提高学生的审美的能力,丰富审美的经验,体验自由表达和创造的快乐,全面提升学生的音乐素养。

二、学科课程理念

音乐学科有自身的特征,它是人文性、审美性、实践性的统一,也就说明了音乐学科不仅仅要求学生掌握基本的学科知识,还需要提升学生的音乐素养,培养学生的人文情怀。因此,音乐学科应该跳出学科教学的窠臼,站在"美育"的高位来展开教学,为滋养学生的心灵营造美好的环境。所谓"悦美音乐"就是"悦耳悦心,用美好的旋律滋养学生的心灵"的课程,具体而言:

---

① ② 蔡梦.从新一轮基础音乐教育的改革管窥姚思源先生的音乐教育思想[J].人民音乐,2006(4):79—81.
③ 张艳.浅谈音乐教学的美育活动[J].中国校外教育:基础版,2011(1):167.

"悦美音乐"即具有人文情怀的课程。无论从文化中的音乐,还是从音乐中的文化视角出发,音乐课程中的艺术作品和音乐活动,皆注入了不同文化身份的创作者、表演者、传播者和参与者的思想情感和文化主张,呈现了不同国家、不同民族、不同时代文化发展脉络,展现了民族性格、民族情感和民族精神,具有鲜明而深刻的人文性。[①] 我们坚持以音乐艺术美感为本,发掘学生最浓郁的自然兴趣,在学生感知的萌芽阶段加以正确的引导,直至学生的自我兴趣、情感思维开始发展,直至成熟完善,这将对他们的思维判断、情感理解等多方面的感知领域产生长远的影响。

"悦美音乐"即具有审美认知的课程。"以美育人"的教育思想与我国的教育、文化传统一脉相承,是培养德智体美全面发展的社会主义建设者和接班人的教育方针的有机组成部分。音乐教育不仅培养和提高学生感受美、表现美、鉴赏美、创造美的能力,还能陶冶情操、发展个性、启迪智慧、丰富和发展形象思维、激发创新意识和创造能力,进一步全面提升学生的素质。[②] 音乐在审美领域具有独特功能,对人类身心健康发展具有促进作用,通过聆听音乐、表现音乐、音乐创造活动等为主的审美活动,可以使学生充分体验蕴含于音乐音响形式中的美与幸福的情感。

"悦美音乐"即具有实践意义的课程。音乐音响不具有语义的确定性和事物形态的具象性,音乐课程各领域的教学只有通过聆听、演唱、探究、综合性艺术表演和音乐编创等多种实践形式才能得以实施。学生在亲身参与这些实践活动过程中,获得对音乐的直接经验和丰富的情感体验,为掌握音乐相关知识和技能、领悟音乐内涵、提高音乐素养打下良好的基础。通过音乐教学活动,塑造学生美好的心灵,在实践中加深情感体验,进而产生对音乐共鸣,使其灵魂得以净化,情感得以升华,最终实现音乐教育陶冶情操、净化心灵的作用。[③]

① 金奉.高校音乐教育教学生命链内涵解析[J].曲靖师范学院学报,2013(5):114—117.
② 张心仪.将美育教学融入音乐课堂提升小学生审美和人文素养[J].好家长,2019(68):39.
③ 田耀农."仿真乐队"与"被审美"音乐教学法[J].人民音乐,2019(4):79—81.

　　"悦美音乐"如春风细雨般渗透校园，滋润着渴望全面发展的莘莘学子，造就其完美的人格，是实施美育的基本方式和最佳途径。

第二节　厘定课程目标，促进全面发展

　　学校在注重德育建设的同时，还将美育作为学校的重要特色进行建设和打造，同时为促进音乐教育事业获得迅速发展，在深化教育改革、全面推进素质教育、努力促进教育公平、实现教育持续健康发展的背景下，开设了"悦美音乐"课程。该课程以坚持社会主义核心价值体系为导向，为培养学生良好的审美情趣和人文素养发挥重要作用。

一、学科课程总体目标

　　"悦美课程"目标的设置以实现音乐课程价值为依据，根据小学阶段学情以及儿童生理、心理的成长特点，结合学校办学宗旨，通过生动活泼的课堂教学，开展丰富多彩的音乐实践活动，提高学生音乐感受与鉴赏能力，提升音乐文化素养，能对不同风格的乐曲采取不同的表现方式来呈现音乐所包含的情感，用音乐的方法创造性地表达自己的情感体验，让学生们在愉快的学习环境中受到审美教育。《义务教育音乐课程标准（2011 年版）》进一步明确了音乐教学的知识与技能、过程与方法，情感、态度与价值观这三维目标，具体如下：

（一）知识与技能目标

　　学习和了解基本音乐表现要素，如速度、力度、音色、节奏、旋律、和声，音乐常见的曲式以及音乐体裁形式等基础知识，有效地促进学生音乐审美能力的形成和发展；学习基础技能，培养学生自信、自然、有表情地歌唱；学习演唱、演奏的初步技能；在音乐听觉感知基础上识读乐谱，在音乐表现活动中运用乐谱；了解音乐创作与历史背景，能以自由、即兴的创作方式表达自己的情

感,学习浅显的音乐创作常识和技能;认知作曲家生平及作品的题材、体裁、风格等,了解中外音乐发展历程。

(二) 过程与方法目标

了解学生感受、体验、理解、想象、表现、创造、评价音乐的心理变化过程并找到这种变化的依据。其次,要指导学生掌握在体验、模仿、探究、合作与综合过程中的方法。为了实现这些目标,老师必须引导学生完整而充分地聆听音乐作品,充分地获得音乐感知和体验,创造性地展开联想与想象,不断地积累和发展音乐经验,激发创造性热情,培养创造性思维能力,提高与他人合作的群体意识及协调能力,促进音乐与相关学科的综合学习,以加深对音乐、其他艺术、相关人文学科的认识与理解。

(三) 情感、态度与价值观目标

"丰富情感体验,培养对生活的积极乐观的态度;培养音乐兴趣,树立终身学习的愿望;提高音乐审美能力,陶冶高尚情操;培养爱国主义和集体主义精神;尊重艺术,理解多元文化。"这个层面的教学目标已经深入到音乐课程的本质内容,充分发挥了音乐课的课程作用。尽管这其中仍然包含着思想道德教育的内涵,但它是蕴涵在音乐艺术实践中的一种隐性目标,并且明显地突出了音乐课的学科特点。综合起来看,它更看重的是通过音乐培养学生的完美人格,提高学生的综合素质,而不是提高学生的音乐专业知识水平和音乐专业能力。[①]

二、 学科课程年段目标

依据课程标准和学科课程总体目标,我们根据教材、教参以及课程标准确立年级学段目标如下(见表 3-1)。

---

① 张冠梅.在备课中如何落实音乐课的三维目标[J].现代教育科学(中学教师),2012(2):40—41.

表 3-1　南昌市豫章小学"悦美音乐"课程年段目标

目标　　　年段	情感、态度与价值观	过程与方法	知识与技能
一年级	1. 学生能够对音乐产生浓厚的学习兴趣，体验音乐的美感。 2. 通过"悦美课程"培养乐观的态度和友爱精神。 3. 乐于参与其他音乐表现和即兴创造活动，并能采用不同的力度、速度表现歌曲情绪。 4. 在掌握本学期教材上的所有歌曲基础上背唱 4 首歌曲，并用打击乐器为歌曲伴奏。	1. 结合所学歌曲认识简单的节奏符号，用声音、语言、身体动作表现简单的节奏。 2. 用唱名模唱简单乐谱，用自己的声音或打击乐器模仿自然界和生活中的声音，并用打击乐器奏出强弱、长短不同的音，感受并描述音乐中力度、速度的变化。 3. 唱歌或聆听时能够即兴做动作，聆听歌声时能作出相应的体态反应，体验并说出音乐情绪的相同与不同。 4. 听辨童声、女声和男声。	1. 聆听不同国家、地区、民族的儿歌、童谣及小型器乐曲或乐曲片段，初步感受其不同风格，并随音乐走步、跳舞。 2. 区别独唱、独奏、齐唱、齐奏， 3. 对指挥动作及前奏作出反应，配合歌曲、乐曲用身体做动作。 4. 能够用线条、色块、图形，记录声音或音乐，创作 1—2 小节节奏或旋律。 5. 用简单的形体动作配合音乐节奏，表现不同节奏、节拍、情绪的音乐。
二年级	1. 通过音乐教学，学生能够感受到音乐的各种律动，并能在听赏乐曲中感受和正确表达。 2. 对音乐能够根据自己的喜好选择听赏。 3. 能够在音乐学习的过程中理解音乐所包含的思想，树立基本的价值观。	1. 培养学生自信地演唱、演奏、参与综合性艺术表演。 2. 能够配合歌曲、乐曲用身体做动作。 3. 认识简单的节奏符号，能够用声音、语言、身体动作来变现简单的节奏。	1. 学生能够自然地、有表情地演唱，参与其他音乐表现和即兴编创活动。 2. 能够感受打击乐器的声音。 3. 能够听辨常见打击乐器的音色，并能用打击乐器奏出强弱、长短不同的声音。 4. 能够感受并描述音乐中力度、速度的变化，并对二拍子、三拍子的音乐做出相应的体态反应。

续　表

目标＼年段	情感、态度与价值观	过程与方法	知识与技能
三年级	1. 能乐于参与各种演唱活动,知道演唱的正确姿势及呼吸方法,并能在唱歌实践中逐步掌握和运用。 2. 能用自然的声音、准确的节奏和音调,有表情地独唱或参与合唱,能对他人及自己的演唱作简单评价。 3. 在掌握本学期教材上的所有歌曲的基础上会背唱四首歌曲。 4. 学习课堂乐器的演奏方法,参与歌曲乐曲的表现。	1. 结合所学歌曲认识唱名、音符、休止符及一些常用记号。 2. 通过识读简单乐谱,自制简单乐器表现自然界或生活中的声音。 3. 对自然界和生活中的声音用自己的声音或乐器进行模仿,并随着熟悉的歌曲或乐曲哼唱,在体态上做出反应。 4. 听辨不同类型的女声和男声,知道常见的中国民族乐器和西洋乐器,并能听辨其音色。 5. 在感知音乐节奏和旋律过程中,能够初步辨别节拍的不同,能够听辨旋律的高低、快慢、强弱,能感知音乐主题,乐句和段落的变化,并能用线条色彩表现出来。	1. 聆听不同体裁和类别的歌曲和乐曲,并通过律动和打击乐表现。 2. 能区分齐唱与合唱,齐奏与合奏。 3. 聆听中国民族民间音乐,知道一些有代表性的地区和民族的民歌、民间舞蹈、民间器乐曲和戏曲、曲艺音乐等,了解其不同的风格。 4. 聆听世界各国民族民间音乐,感受一些国家和民族音乐的不同风格。 5. 培养学生热爱民族音乐及爱国主义精神。
四年级	1. 培养学生热爱民族音乐及爱国主义精神。 2. 乐于参与各种演唱活动,演奏活动,有良好的演唱、演奏习惯,能够对自己和他人的	注意引导学生对音乐的整体感受,丰富教学曲目的体裁、形式,增加合唱、乐器演奏及音乐创造活动的分量,以生动活泼的教学形式和艺术魅力吸引学生。	1. 能发现自然界和生活中的各种音响,能够用自己的声音或乐器模仿喜欢的音响。 2. 能听辨歌唱中不同类型的女声和男声音色,说出人声的分类。 3. 能初步辨别二拍子、

续　表

目标＼年段	情感、态度与价值观	过程与方法	知识与技能
	演奏做简单评价。 3. 富有一定创造性，观赏戏剧和舞蹈，初步认识在其中的作用。 4. 能选用合适的背景音乐，为儿歌、童话故事或诗朗诵配乐。		三拍子、四拍子的不同，体验其律动感。 4. 能够听辨不同情绪的音乐，能作简要描述。 5. 聆听中国民族民间音乐，了解有代表性的地区和民族的民歌、民间歌舞、民间器乐曲和以京剧为代表的中国戏曲及曲艺音乐，体验其不同的风格。
五年级	1. 通过音乐教学突出其学科特点，激发学生热爱音乐、热爱祖国的真挚情感。 2. 注意引导学生对音乐的整体感受，培养乐观的态度和友爱精神，增强集体意识，培养学生合作能力和乐观向上的生活态度，使他们成为有理想、有道德、有文化、有纪律的全面发展的新人。	1. 运用聆听、律动、比较等教学手段使学生有效地进行音乐欣赏。 2. 聆听中外优秀音乐作品，丰富情感，提高文化素养。	1. 能够感知音乐主题、乐句和段落的变化。 2. 能听辨和体验不同情绪的音乐，并能用语言简述。 3. 每学期能够背唱2～3首歌曲。

续　表

目标 年段	情感、态度与 价值观	过程与方法	知识与技能
六年级	1. 聆听不同体裁和类别的歌曲和乐曲，并通过律动和打击乐表现；能区分齐唱与合唱，齐奏与合奏。 2. 聆听中国民族民间音乐，知道一些有代表性的地区和民族的民歌、民间舞蹈、民间器乐曲和戏曲、曲艺音乐等，了解其不同的风格。 3. 聆听世界各国民族民间音乐，感受一些国家和民族音乐的不同风格。 4. 培养学生热爱民族音乐及音乐审美情趣。	1. 结合所学歌曲，了解歌词声调与旋律音调的密切关系。 2. 通过乐曲学习，能够划分乐曲的乐段结构，知道常见的中国民族乐器和西洋乐器，并能听辨其音色。 3. 在感知音乐节奏和旋律过程中，能够初步辨别节拍的不同，能够听辨旋律的各音乐要素，如高低、快慢、强弱，能感知音乐主题，乐句和段落的变化，并能用线条色彩和图谱表现出来。	1. 学生能主动、大方地编创动作，姿态优美、自然，表演效果好。 2. 学生能够对各种音乐实践活动有兴趣，能大胆、自信地展示自己的才能。 3. 知道演唱的正确姿势及呼吸方法，并能在唱歌实践中逐步掌握和运用。 4. 能用自然、优美的声音，准确的节奏、速度和音准，有表情地、有感情地独唱或参与合唱，能对他人及自己的演唱作简单评价。 5. 在掌握本学期教材上的所有歌曲的基础上会背唱四首歌曲。 6. 学习课堂乐器的演奏方法，能够积极参与歌曲乐曲的表现。

第三节　建构课程结构，拓宽学科领域

基于"从始至终，悦美悦心"的"悦美音乐"课程理念，学校设置了"悦美音乐"课程结构。学校"悦美音乐"课程分为普及型课程和特色型课程，普及型课程主要培养学生终身发展和适应未来社会所需的共同基础；特色型课程主

要满足学生的个性化学习需求，开发和培育学生的潜能和特长。

一、学科课程结构

依据《义务教育音乐课程标准(2011年版)》内容，结合学校各学科实际情况及"悦美音乐"课程理念，围绕音乐学科"审美、感悟、实践"等核心素养，我们以国家课程为基础，从"悦美欣赏""悦美表现""悦美创造""悦美文化"四个方向进行课程构建，进而形成音乐学科"悦美音乐"课程群。课程结构如下图所示(见图3-1)。

（一）"悦美欣赏"。《义务教育音乐课程标准(2011年版)》指出：感受与鉴赏是音乐学习的重要领域，是整个音乐学习活动的基础，是培养学生音乐审美能力的有效途径。良好的音乐感受能力与欣赏能力的形成，对于学生丰富情感、提高文化素养、增进身心健康都具有重要意义。教学中教师应激发学生听赏音乐的兴趣，鼓励学生对所听音乐表达独立的感受和见解，养成聆听音乐的习惯，逐步积累欣赏音乐的经验。

图3-1　南昌市豫章小学"悦美音乐"课程结构图

（二）"悦美表现"。它是学习音乐的基础性内容，是培养学生音乐审美能力的重要途径。在课堂教学当中，教师应注意培养学生自信地演唱、演奏的能力，综合性艺术的表演能力，以及在发展音乐听觉基础上的读谱能力。通过汇报音乐会等活动促进学生能够用音乐的形式表达个人的情感并与他人沟通、融洽感情。

（三）"悦美创造"。它是发挥学生想象力和思维潜能的音乐学习领域，是学生进行音乐创作实践和发掘创造性思维能力的过程和手段，对于培养创新人才具有十分重要的意义。"悦美创造"包括两类学习内容：一是以开发学生潜

能为目的的即兴音乐创编活动;二是运用音乐材料进行音乐创作的尝试与
练习。

（四）"悦美文化"。"悦美音乐"与相关文化是音乐课人文学科属性的集
中体现。学校定期开展研学活动是直接增进学生文化素养的学习领域,有助
于扩大学生音乐文化视野,促进学生对音乐的体验与感受,提高学生音乐欣
赏、表演、创造以及艺术审美的能力。这一版块内容相对独立,但在更多的情
况下,又蕴含在音乐欣赏、表演和创造活动之中。因此,这一领域教学目标的
实现,应通过具体的音乐作品和生动的音乐实践活动来完成。[①]

二、学科课程设置

"悦美音乐"课程是基于"美雅教育"的课程理念,针对在校学生实际情况
量身打造的课程。所有课程依据各年级学生学情,由易到难、由浅入深、由单
一到综合、循序渐进,贯穿一至六年级共 6 个学年段,根据不同学段的知识储
备和学生需求编制不同的内容,由各年级段的任课老师组织实施。

1. 依据音乐课程标准,结合学校实际情况,除了普及型课程之外,学校
将特色型课程设置如下(见表 3-2)。

表 3-2　南昌市豫章小学"悦美音乐"拓展课程设置表

学期 ＼ 课程		"悦美欣赏"	"悦美表现"	"悦美创造"	"悦美文化"
一年级	上学期	开发感知力	自然歌唱	即兴小能手	人文小课堂
	下学期	体验音乐美	快乐律动	小小创编家	多元化视野
二年级	上学期	即兴创编家	节奏小能手	节奏小能手	聆听音乐美
	下学期	体验与理解	跳动的音符	跳动的音符	班级好声音

---

① 杨阳,王滔.音乐课程领域之——感受与欣赏[J].中小学音乐教育,2015(10):52.

续　表

学期 ＼ 课程		"悦美欣赏"	"悦美表现"	"悦美创造"	"悦美文化"
三年级	上学期	耳朵竖起来	校园小歌手	经典乐器展	经典收藏展
	下学期	乐器猜猜看	戏剧小达人	编创我也行	音乐交流会
四年级	上学期	用心静听	乐器演奏	参与歌表演	戏剧舞蹈音乐
	下学期	静心感受	参与合唱	音乐剧表演	影视片音乐
五年级	上学期	红星闪闪	乡音乡情	音乐七巧板	歌声与微笑
	下学期	童真童趣	七彩的梦	我是小戏迷	班级音乐会
六年级	上学期	用心来感受	大家唱起来	放飞梦想	音乐欢乐谷
	下学期	用美来欣赏	大家跳起来	创编音符	音乐游戏宫

2. "悦美音乐"分年级特色课程设置(见表 3-3)。

第四节　丰富课程内涵，落实课程评价

"悦美音乐"引领学生感受美、欣赏美、表现美、创造美,提升学生的音乐素养,促进学生音乐审美能力的形成与发展。

一、 建构"悦美课堂"，提升音乐课程实施品质

"悦美课堂"坚持以学生为中心,在课堂教学中,老师充分考虑学生的个性特点,使每个学生都能发展他们的特长,尊重学生在课堂学习活动中的主体地位,激发学生学习的兴趣,让学生始终处于一种快乐、愉悦、美好的学习氛围中。

表 3-3 南昌市豫章小学"悦美音乐"分年级特色课程设置表

课程名称	课程目标	"悦美欣赏"	"悦美表现"	"悦美创造"	"悦美文化"
在律动中成长（一年级）	1. 在老师的引导下，初步接触节奏、节拍。 2. 激发学生肢体伴随音乐表达和表现的能力，增强学生的韵律，在团队中演奏和表演都较有把握。 3. 让学生能够保持稳定的气息去感受乐曲中的节奏，提高对节奏的把握能力。 4. 通过学生对音乐内容和活动主题相结合的学习体验和感受，欣赏音乐的多元化整合，培养幼儿对音乐的兴趣，从而去热爱和理解音乐。	引导学生感受音乐的情绪和内涵，从而形成自身的感觉和认识，使学生得到愉悦的审美体验，从内心深处去爱上律动，感受和体验音乐由旋律带来的美好体验。	1. 能够在理解歌词的基础上演唱5—7首歌曲。 2. 能使用表情、动作表达歌曲的情感。	1. 参加集体的律动活动，并能尝试简单的动作创编。 2. 根据简单歌曲中的角色、节奏、速度创编动作。	1. 能够让学生通过音乐去探索去发现动作存在的可能性。 2. 学生能够有自由的想象空间，促进发散性思维，创造性思维能力的发展。

续　表

课程名称	课程目标	"悦美欣赏"	"悦美表现"	"悦美创造"	"悦美文化"
推开妙音之门（二年级）	1. 通过口风琴演奏激发学生思维的多样性，促进眼、口、耳、手等器官协调发展。 2. 帮助学生掌握一些口风琴的吹奏和指法技巧。通过合理的训练活动，提高学生的音乐表现力，培养个人与集体的合作能力。 3. 通过口风琴训练不断开发学生心智，发展学生特长，与识谱、唱歌、欣赏、创作结合起来，逐步培养学生自主学习音乐的习惯。	把口风琴演奏运用到音乐课程教学中，在唱奏、唱等模式的基础上，让学生弹一弹、吹一吹，悦心地欣赏音乐，全身心地体验、感受和理解音乐。	通过认识谱、识谱、听辨等环节进行自主地学歌曲。让学生直观、准确地掌握乐理知识，有效地提高学生节奏感、音高感，培养学生视奏能力。	通过学习演奏，启发学生有创造性地演唱歌曲，把自己对乐曲的理解，通过自己感受到的力度、速度变化加以表现，抒发自己的真实情感。	通过学习口风琴演奏，拓展学生音乐文化视野，促进交流与合作，增强音乐教学的吸引力，有效地提高学生的整体音乐素质，使学生身心得到健康、全面的发展。
"金话筒"非我莫属（三年级）	1. 感受体会良好的合唱的概念。 2. 能形成良好的合唱能力，主要是轮唱能力以及简单和声的伴唱能力。	1. 建立正确的合唱概念，感受良好的和声状态，纠正不正确的发声习惯。 2. 欣赏优秀的合唱作品，提升审美能力。	在课堂上进行回课，多参加小组合唱比赛和组合唱活动，锻炼自己的胆量，提高上合唱自信。	能主动给歌曲编配简单的声部，创编简单旋律伴奏或简单的单声部伴唱。	能够去探索、寻找各地不同的特色的合唱作品。

续　表

课程名称	课程目标	"悦美欣赏"	"悦美表现"	"悦美创造"	"悦美文化"
变幻的音符的音乐世界（四年级）	1. 了解葫芦丝的起源、构造、音乐表现力等相关知识。 2. 学习葫芦丝的演奏姿势、演奏状态、正确的手型控制及气息运用。 3. 学习初步简单的演奏技巧：单吐、打音、颤音、倚音、虚指颤音以及初级的乐理知识等。 4. 吹奏人们所熟悉和喜闻乐见的民歌、小调等乐曲。	1. 严格掌握葫芦丝型的正确手型和良好的运气方法。 2. 认识和学习各种音符、音程、休止符、节奏与节奏型、节拍、小节线、双纵线、拍子、演奏记号。 3. 学习预选曲目：《粉刷匠》《小夜曲》《草原圆舞曲》《牧童谣》《摇啊摇》《玛丽有只小羊羔》《吹起芦笙跳起舞》《颂》等。	规范常用基本技巧（双吐、三吐、颤音、波音、叠音、打音、虚指颤音、滑音、震音）及练习曲的演奏技法。	能模唱简单的简谱，演奏简单的旋律。	通过对葫芦丝、竖笛的学习来提高学生的整体艺术修养，调整学生心态和性格。

续　表

课程名称	课程目标	"悦美欣赏"	"悦美表现"	"悦美创造"	"悦美文化"
我的声音我做主（五年级）	1. 普通话字音训练。 2. 气息和发声训练。 3. 朗读技巧训练。	1. 重温普通话字音的基础发音，纠正不正确的语音习惯。 2. 欣赏优秀的朗读作品，从中学习相应的技巧和知识。	在课堂上进行朗读训练，通过参加比赛和活动，锻炼自己上台的胆量。	鼓励自己创造自发自主的朗诵作品，进行自主探究学习。	展示音乐与语言艺术相关联的有声语言作品和配乐作品。
戏迷的诞生（六年级）	1. 通过几个戏曲选段的欣赏，了解我国戏曲文化的悠久历史。 2. 了解中国戏曲的基本知识，理解戏曲中的脸谱、行当等含义，并通过学戏，引导学生对舞台艺术产生兴趣。 3. 感受常见戏曲（京剧、越剧、黄梅戏）的风格特点，熟悉这些戏曲剧种的著名选段，学唱其中一个剧种作品片段。	培养学生对中国传统戏曲文化的感情和关注，为戏曲更好的发展提建议，激发大家对中国传统戏曲的热爱以及为家乡戏曲献计献策的激情。	1. 京剧基础知识介绍，学唱京剧《苏三离了洪洞县》《都有一颗红亮的心》。 2. 关注人的情感与生存环境之间的矛盾冲突，培养人文情怀。	1. 创作形式多样的学生作品，包括集、脸谱绘图、摹唱，对某一问题的讨论等。 2. 鼓励学生通过自我评价和小组评价来评价自己的成果。	1. 戏曲基础调查与戏曲视频欣赏。交流收集到的有关戏曲的知识，展示自己的戏曲演出能力。 2. 少儿戏曲演欣赏，学习戏曲圆场步。 3. 欣赏京剧视频。

建设符合学校实际的"悦美音乐"课程,主要包括基本要求、推进策略和评价提升三个方面。

(一)"悦美课堂"的实施办法

围绕核心素养,以课例为载体,以观、评课为抓手,朝着"美雅课程"的核心目标逐步探索出属于学校的"悦美音乐"课程特色。

1. 从情感态度及兴趣爱好等方面进行问卷调查,让学生充分、大胆、自由地表达自己最真实的看法,深入了解课堂教学的情况,直面学生学习问题。对照音乐课程标准,发现普遍存在的问题,然后集中进行反馈。

2. 围绕"悦美音乐",在校级课题指导下,对全体音乐教师进行小课题研究的专题培训,引导老师如何从问题出发,选择小课题进行"悦美音乐"的有效研究,音乐备课组长确定共同的研究课题,制定研究方案。

3. 每学期坚持听课评课,通过听"优质课""展示课""全员性听课"等形式,实现"名师引领、团队合作、全员提高、资源共享、均衡互补",进一步推进"悦美音乐"向更高的层次迈进。

(二)"悦美课堂"的评价标准(见表3-4)

表3-4　南昌市豫章小学"悦美课堂"实施水平评价表

"悦美课堂"实施水平评价项目		评价等级		
		优秀	良好	一般
教学理念	1. 了解"悦美音乐"课程理念。			
	2. 体现新的课程观、教学观、学生观和评价观。			
教学基本功	1. 教态亲切自然,富有亲和力、感染力。			
	2. 语言规范、准确、丰富、简洁、生动、清晰、流畅,有个性化语言风格;教态亲切、自然,能以充沛的精力、饱满的热情、健康的心理感染学生。			

续　表

"悦美课堂"实施水平评价项目	评价等级		
	优秀	良好	一般
3. 知识面广、视野辽阔,信息处理综合能力强:课堂中能应用新知本识、新方法、新理论、新手段、新技术。			
4. 驾驭教学过程的能力强:善于调动学生的学习积极性,善于点拨、引导,善于应变。能恰到好处地评价学生的态度、表现、能力、个性、知识技能。			
课堂教学　1. 尊重学生主体地位:关注不同学生学习需求。			
2. 创造性使用教材:综合能力全面发展。			
3. 注重学科资源的整合与开放:多媒体技术运用有效、恰当。			
4. 注重情境创设,关注课堂生成:善于激励调控,注重接受与探究方式的结合。			
5. 教学方式多彩,提高课堂效率:多种评价方式,促进学生发展。			
6. 学习情绪饱满,全程投入,善于观察、思考,与同伴合作,乐于表达个人见解,敢于质疑,勇于探究难题。			
教学研究　1. 参加校本教研研讨,开设研究课。坚持听评课,完成听课记录。			
2. 主动反思教学,不断改进教学方法。			
3. 教研能力强,有书面研究成果并交流创新。			
创新能力　1. 创造性地开展教学,形成独特教学范式。			
2. 开发课程资源,整合现代教育手段提高教学质量。			

"悦美课堂"实施水平评价项目		评价等级		
		优秀	良好	一般
他人评价	1. 学生互评。			
	2. 家长评价。			
	3. 同行评价。			
	4. 其他人员评价。			
评语：				
评价人签名：				

二、 建设"悦美课程"，丰富音乐学科课程的内涵

京西太平鼓是中华优秀传统文化艺术之一。2015 年 12 月起,学校决定在全体学生中推广经国务院批准列入第一批国家级非物质文化遗产名录的"京西太平鼓"项目(遗产编号：104Ⅲ—1)。通过丰富多彩的展示平台,让每一个学生在豫章小学艺术天地中找到自己的位置,让每一个学生都能接受艺术的熏陶,让中华传统文化艺术项目"京西太平鼓"拥有更加肥沃的土壤!

（一）"悦美课程"的实施办法

五千多年的中华文明孕育的中华优秀传统文化,积淀着中华民族最深沉的精神追求,代表着中华民族独特的精神标识,是中华民族生生不息、发展壮大的丰厚滋养,是中国特色社会主义植根的文化沃土,是当代中国发展的突

出优势,对延续和发展中华文明和促进人类文明进步发挥着重要作用。[①] 我们紧紧围绕实现中华民族伟大复兴的中国梦这一宏伟目标,坚守中华文化立场,传承中华文化基因,面向未来,汲取中国智慧,弘扬中国精神,传播和弘扬优秀传统文化的良好环境,为中华民族的伟大复兴,培育接班人。[②]

学校各班普及开展"太平鼓"课程学习,从课堂出发,把太平鼓课程扎扎实实落实在音乐课堂的教学中,并在大型活动中提供展示的舞台,让学生在这种艺术形式的学习中传承中国优秀传统文化。太平鼓课程目前由学校音乐学科教师担任指导教师。除此之外,还聘请了北京门头沟太平鼓艺术团的专家团队进行指导,在太平鼓传承人高洪伟的"老手艺"引领下,老师们接受了最专业、最原始的技术要领指导,课程实施能力得到极大的提高。

（二）"悦美课程"的评价标准（见表3-5）

表3-5 南昌市豫章小学"悦美课程"中京西太平鼓课程的评价标准

类别 \ 内容		课程目标	"悦美欣赏"	"悦美表现"	"悦美创造"	"悦美文化"	评价
一年级	初识太平鼓	认识太平鼓的造型、声响等外在特征。	欣赏太平鼓表演视频。	模仿太平鼓的简单鼓点。	用简单的鼓点为乐曲伴奏。	了解太平鼓的造型特征,用笔画下来。	
二年级	感受太平鼓	学习太平鼓的历史知识,进一步感受太平鼓的特点。	敲击太平鼓,感受太平鼓的音色。	使用太平鼓对简单的曲目进行伴奏。	在教师的指导下设计简单的节奏型。	了解太平鼓的起源、发展等历史知识。	

---

① 中共中央办公厅,国务院办公厅.关于实施中华优秀传统文化传承发展工程的意见[J].师资建设(双月刊),2017(2):9.
② 顾恬.少儿出版如何回应精品主题出版需要[N].新华书目报,2018-9-6(5).

类别 / 内容		课程目标	"悦美欣赏"	"悦美表现"	"悦美创造"	"悦美文化"	评价
三年级	欣赏太平鼓	在常规教学中渗透"京西太平鼓"知识。	近距离观看高年级学生表演太平鼓。	尝试敲击"圆鼓"鼓点。	小组合作，为"圆鼓"鼓点创作舞蹈动作。	了解"非物质文化遗产"是什么，江西有哪些项目。	
四年级	传承太平鼓	正式学习太平鼓"圆鼓"鼓点及动作的表演。	感受"圆鼓"鼓点的节奏特点和情绪表达。	学习"圆鼓"鼓点和动作并能够表演。	四人一组，变换队形，设计"圆鼓"表演花样。	观察东北秧歌舞蹈特点，找寻与太平鼓表演的区别。	
五年级	绽放太平鼓	学习"追鼓"等鼓点及表演动作，进行多人组合表演及比赛。	欣赏原汁原味的太平鼓表演，感受民间舞蹈的韵味。	八人组合表现太平鼓，进行多种类鼓点太平鼓小品表演。	将太平鼓加入合唱队适合的曲目伴奏、表演中，加大合唱表现力。	手工自制太平鼓，设计色彩鲜艳、形态丰富的饰品太平鼓。	
六年级	玩转太平鼓	完全掌握太平鼓的技巧，尽量表现太平鼓的韵味。推广太平鼓，增强学生传承中华优秀传统文化的责任感和使命感。	对比多地不同太平鼓的表演，感受京西太平鼓的特点，促进自身表现的原味性。	借助展板讲解，利用端午、中秋等中国传统节日，在社区等场所推广太平鼓项目。	以太平鼓为主题，进行大型舞蹈编创，展现太平鼓的历史渊源和当代传承。	在白面太平鼓上进行绘画创作，鼓励设计中西合璧风格太平鼓。	

续　表

内容　类别	课程目标	"悦美欣赏"	"悦美表现"	"悦美创造"	"悦美文化"	评价
评语：						
评价人签名：						

三、创设"悦美社团"，发展音乐兴趣爱好

（一）"悦美社团"实施办法

依据课程标准中"悦美欣赏""悦美表现""悦美创造"和"悦美文化"四大块，结合学校实际情况，拟定了"悦美社团"建设方案（见表3-6）。

表3-6　南昌市豫章小学"悦美社团"建设方案

活动目的	以培养学生的创新精神和实践能力为重点，以使广大小学生都能积极参加文明、健康、活泼的课外文体活动为工作目标，从而达到促进小学生身心全面发展的目的。社团活动力求成效，以促进每一位学生富有个性的发展，推进学校德育工作的创新发展，推进"悦美音乐"深入发展，实现学校"务实抓教育，创新求发展"的工作目标，进一步推动学校教育的改革与发展。
活动宗旨	积极开展"学生社团"工作，更有效地实施素质教育，激发学生潜能，拓展学生特长，学生个性得到发展，从而使教师的教育水平得到提高，校园生活得到丰富，使学校教育管理再上新台阶。

续　表

社团种类	舞蹈、合唱、民乐、管乐、朗诵。
统筹安排 确定课程	为加强常规督促管理,避免社团活动的随意性、盲目性,规定如下: 1. 定活动课程:在全面了解教师和学生兴趣、特长的基础上,结合学校的实际,开设社团活动课程。 2. 定活动时间:每周一课时,两周一连排,一至二年级与地方及校本课程相结合,三至六年级与综合实践活动课相结合。 3. 定活动内容:指导教师要注重校本化的活动内容开发,研究适合本组学生的教学活动内容,初步制定社团活动教学计划。 4. 定指导老师:学校每个社团小组设指导教师 1—2 名,每位教师均要参与指导一项社团活动。 5. 定活动地点:确保各社团活动小组有固定的活动地点。 6. 定活动资金:学校确保各社团活动开展的资金支持。

（二）"悦美社团"的评价标准（见表3-7）

四、做活"悦美音乐节",浓厚音乐学习氛围

（一）"悦美音乐节"实施办法

　　为培养学生良好的音乐修养,营造浓郁的音乐学习氛围,打造活泼向上、文明雅致的校园人文环境,引导他们崇尚真善美,用喜闻乐见的音乐手法表达自己健康的审美情趣,进一步推动学校"悦美音乐"课程的深入实施,学校定期举办"悦美音乐节"文艺系列活动（见表3-8）。通过多种主题不同的活动,以不同的音乐形式展示,最大程度发挥学生艺术潜能,展示特长,让教师和家长们共同见证孩子们的成长。

表 3-7　南昌市豫章小学"悦美社团"评价标准

类别	评价内容／课程目标	"悦美欣赏"	"悦美表现"	"悦美创造"	"悦美文化"	评价
舞蹈	1. 提高学生学习舞蹈的兴趣，培养学生正确的表演体态和良好的气质，增强学生的集体意识，培养学生的乐感，提高学生的审美能力。 2. 活动面向部分学生，有组织、有计划地进行，坚持自愿参加和普及提高的原则，让学生在唱唱、跳跳、动动中去感受音乐，理解音乐和表现音乐。 3. 启迪学生的智	"悦美课程"不仅给学生开设针对舞蹈表演的实践课程，还设置有助于提高学生审美鉴赏力的感受和欣赏课程，让学生首先学会欣赏舞蹈的美，再来学受舞蹈的美。 习如何用肢体语言来表现美，其中会让学生欣赏到以下一些类别的舞蹈： 1. 自娱性少儿舞蹈：律动、歌表演、集体舞、音乐游戏。 2. 表演性舞蹈：传统舞蹈、情节舞蹈。	1. 通过复习熟练掌握上学期所学的舞蹈基本动作，学生在本学期末，新同学能够掌握一定的舞蹈知识，软度、开度得到一定的训练。 2. 老同学基本功更上一个台阶，软、开度达到一定程度，掌握一定的舞蹈技巧，在音乐表现美，尝试不同风格的舞蹈组合。 3. 在进行技能技巧训练的同时，激发孩子们的	1. 通过教师的示范讲解和学生的讨论、练习，每个学生懂得简单的舞蹈知识和舞蹈表演规则，掌握基本功要领。 2. 培养学生注意发现身边的艺术。 3. 启发学生回想自己体验到的各种强烈情感，或观赏、友聆听表现母爱、友情、欢乐等常见情感的作品。 4. 鼓励学生参与社区或家乡的艺术活动，从中学习和感受公共场所的艺术，提高自己的表演能力。	1. "悦美课程"以审美为中心，以美雅校园办学目标，将我国的传统文化渗透于"悦美课程"中，将传统文化与学校美雅文化互相渗透。 2. 中华民族五千年的历史文化，源远流长，作为新时代的教育者和新时代的接班人，我们有义务，更有使命进行传承和弘扬，为	

续　表

评价内容＼类别	课程目标	"悦美欣赏"	"悦美表现"	"悦美创造"	"悦美文化"	评价
	慧,陶冶学生的情操,使学生的身心得到健康的发展。		创造性思维,增加自信,学会展现自我。		贯彻国家方针政策,我们将弘扬和继承传统文化视为重中之重。	
合唱	1. 通过不同的发声练习来规范学生的声音,进一步提高学生的演唱水平和演唱技巧。 2. 通过练唱合唱歌曲,来提高学生的音乐素养和自身素质。 3. 通过合唱的训练提高学生的团队合作的能力。	1. 掌握科学的发声方法和合唱理念。 2. 欣赏优秀的合唱作品,提升学生的艺术修养。	通过组织学生参加平时的排练和各种合唱活动及合唱比赛,提高学生的舞台表现力和自信心。	能结合唱作品创编简单的舞蹈动作或其他表现形式。	演唱各种风格的合唱作品,欣赏各种戏剧和歌剧,不断提高学生对音乐作品的理解力,感受音乐的表现力。	

续　表

评价内容＼类别	课程目标	"悦美欣赏"	"悦美表现"	"悦美创造"	"悦美文化"	评价
民乐	1. 民乐以"陶冶艺术情操，培养合作精神，弘扬民族文化"为主要目标，使学生在学习之余放松身心，享受音乐的同时融洽师生间、团结友爱的关系、团结友爱的氛围，加强归属感和自信心。 2. 不但能锻炼他们的意志，而且有助于开拓智力，提高他们的审美情趣与能力，让学生产生美的享受，陶冶他们的情操。①	让学生多聆听不同音乐风格的民族器乐曲，对乐曲产生审美的音乐基本理念。	通过排练及演奏使学生能较好地表现出乐曲中想要表达的主题思想感情。	在欣赏原曲之后，学生能根据已有的音乐知识技能进行加工，再创造，提升学生的创造力。	学生在聆听、学习了乐曲之后，能对乐器的历史发展以及怎样的风土人情孕育出个大致的了解，做到音乐与其他文化有相互关联。	

---

① 金孙颖. 城郊新建小学葫芦丝进课堂的教学实践[J]. 当代音乐, 2016(19): 39—41.

续　表

评价内容 / 类别	课程目标	"悦美欣赏"	"悦美表现"	"悦美创造"	"悦美文化"	评价
管乐	学校组建一支朝气蓬勃的管乐队，是学校艺术文化活动的展示窗口，也给学生提供了一个发展音乐才能的平台，展示音乐才能的舞台。 1. 学生通过训练能熟练演奏各种乐器，学到相关乐知识。 2. 能合奏一定数量的乐曲，达到合奏演奏中级程度。 3. 能进行行进间步行吹奏，并能完成学校和上级安排的演出活动。	培养学生音乐兴趣，扩大音乐视野，提高音乐感受以及理解、鉴赏能力以及发展想象力，丰富感情、陶冶情操。	让学生积极地参加各种音乐活动，勇于演奏。	1. 要培养学生对多声部音乐作品的听辨能力，以及集体合奏能力，以及协作精神。 2. 通过训练，使学生获益于趣味音乐游戏中。	1. 激发学生学习兴趣，通过赏析、体验古典管弦乐作品，加深学生对管弦乐作的认识，感受管弦乐的音乐魅力； 2. 激发学生对管弦乐感兴趣，愿意探索的与其相关音乐文化知识。	

续　表

评价内容／类别	课程目标	"悦美欣赏"	"悦美表现"	"悦美创造"	"悦美文化"	评价
朗诵	1. 字、气、声联合训练，用正确的方法表现音节和短语。 2. 提炼作品中的各角色特点，深化角色性格进行多层次多变化的声音表现。 3. 根据作品中字词句的含义和基调，进行声音交替处理和情感变化的训练。 4. 进行高、中、低音区发声，喉音等训练。	1. 感受语言表达的魅力，从中体会到吐字清晰、音质优美、声音富于活力和感染力能使一个人的语言魅力得到提升。 2. 欣赏优秀的语言类作品，从中学习正确的发声和朗读技巧，找到适合自己位置的语言表达形式。 3. 在基础规律无错误的前提下，大胆进行自我感受和对作品的一个处理，做到。	狠抓基础，让每个学生都能说好一口正确、流利的普通话。从讲故事、朗读、演讲、播音主持等学习中获取知识和技巧，并能表现在生活中的各个领域。	创造性地进行表演学习，创造出多角度、多层次的舞台角色表现力。创造不同的表情、动作应有的形态。	音乐与语言艺术相关联，进行有声语言作品和配乐作品的展示。	

续　表

评价内容＼类别	课程目标	"悦美欣赏"	"悦美表现"	"悦美创造"	"悦美文化"	评　价
		心中有数，恰到好处地拿捏分寸。				

评语：

评价人签名：

表3-8　南昌市豫章小学"悦美音乐节"活动方案

一、指导思想 1. 繁荣校园文化,营造向真、向善、向美的校园文化艺术氛围。 2. 为学生展示个人才艺与风采搭建舞台。 3. 培养学生高雅的艺术欣赏能力和艺术表现能力。
二、参加对象和组别 管乐社团、民乐社团、合唱社团、舞蹈社团全体团员。 举办"展我风采,美学校园"文艺系列活动,通过多种艺术形式的展示,最大程度地挖掘学生艺术特长,提供展示平台。要求人人都参与,班班搞活动,追求高质量,体现高品位,力求有特色。
三、时间安排：每学期结束开展一次
四、活动要求 1. 高度重视,精心组织。举办音乐节是促进学生全面发展的重要举措,是德育教育的重要载体。 2. 加强宣传,广泛发动。要通过各种形式,围绕举办音乐节的意义、目标和要求,深入进行宣传发动,营造浓厚氛围,增强活动的吸引力和感染力,调动广大师生参与活动的积极性和创造性。 3. 典型带动,表彰奖励。在活动组织过程中,注重培养典型,发挥典型带动作用,对表现突出的老师、学生予以表彰奖励。

（二）"悦美音乐节"评价标准

　　"悦美音乐节"评价体现了多元性原则。评价主体有学生、老师、家长,分别从"艺术氛围""参与积极性""艺术表现力"等方面进行评价。具体评价表如下所示(见表3-9)。

表3-9　南昌市豫章小学"悦美音乐节"实施水平评价表

"悦美音乐节"实施水平评价项目	评价等级		
	优秀	良好	一般
营造出向真、向善、向美的校园文化艺术氛围。			
为学生展示个人才艺与风采搭建舞台。			

续　表

"悦美音乐节"实施水平评价项目	评价等级		
	优秀	良好	一般
培养学生高雅的艺术欣赏能力和艺术表现能力。			
自愿参与音乐节活动。			
他人评价 1. 学生互评。			
他人评价 2. 家长评价。			
他人评价 3. 同行评价。			
他人评价 4. 其他人员评价。			
评语：			
评价人签名：			

五、搭建"悦美舞台"，共创美雅和谐校园

（一）"悦美舞台"实施办法

为了增强学校、家长、教师之间的沟通，学校每年举办不同主题的"家长开放日"活动，让家长走进校园，走进课堂，了解学校办学理念、管理模式、发展趋势，与孩子一起进班学习，参加各项活动，并为学校出谋划策，共创和谐校园。通过这一活动，凝聚学校、家庭之间的管理智慧，强化学校"悦美音乐"课程建设，推进美雅文化向纵深发展，共同努力携手打造"悦美舞台"。"家长开放日"活动时间为每年五月，全校师生共同参与，各班邀请3—5名家长代表参与活动。学校每学年根据不同的主题设置学校、年级、班级的展示活动，带领家长从校园走进年级，再由年级走进班级。活动前，班主任根据本班情况选定三位家长代表，发放《家长开放日邀请函》，开放日当天家长邀请函凭进校，进校后到大门右侧的签到台签到，并领取开放日活动安排表及意见征集表。每次活动先由校长致欢迎词，再以年级和社团为单位向家长展示特色

活动及成果。在这个热闹的"悦美舞台"上，孩子们自信地歌唱、愉悦地表演、尽情地演绎，每次都能带给观看者绝佳的体验和极大的震撼。观展后，家长进班听课，近距离参与孩子的课堂学习，让"家长在场"。最后进行"家长开放日"调查问卷，由家长们及时提出对本次活动、学校建设、班级建设等方面的建议，切实做到家校共携手，齐创美雅校园。

（二）"悦美舞台"评价要求

1. "悦美舞台"评价由学生、老师、家长分别从"活动主题""学生参与积极性""学生表现力"等方面进行评价。具体评价表如下所示（见表3-10）。

表3-10 南昌市豫章小学"悦美舞台"实施水平评价表

"悦美舞台"实施水平评价项目		评价等级		
		优秀	良好	一般
活动以学生为本，搭建好展示的平台。				
围绕主题开展展示活动。				
全员参与展示活动。				
活动展示有创意、深受观众喜爱。				
学生表现	1. 临场发挥能力。			
	2. 作品完成度。			
他人评价	1. 学生互评。			
	2. 家长评价。			
	3. 同行评价。			
	4. 其他人员评价。			
评语： 评价人签名：				

2. 家长填写"悦美舞台"活动意见反馈表。(见表3-11)

表3-11　南昌市豫章小学"悦美舞台"活动意见反馈表

尊敬的家长：

　　真诚地感谢您从百忙中抽出时间来参加学校的"家长开放日"活动！请您在听课活动结束后，认真填写意见反馈表。

1. 您对"家长开放日"活动的满意度：(　　　)
A. 很满意　　　　　B. 较满意　　　　　C. 一般　　　　　D. 不满意
2. 您希望"家长开放日"的活动内容为：(　　　)
A. 多听课，让我们更多地了解学生课堂学习状态。
B. 多观摩一些活动，让我们更多地了解孩子参与活动的情况。
C. 参加座谈会，让我们了解学校的办学理想，多和校领导、教师进行有效沟通。
D. 其他：(请写明)：＿＿＿＿＿＿＿＿＿＿＿＿＿＿＿＿
3. 您听完课以后，您认为教师的课上得(　　　)
A. 很好　　　　　B. 较好　　　　　C. 一般　　　　　D. 不太好
4. 您对孩子的表现(　　　)
A. 很满意　　　　　B. 较满意　　　　　C. 一般　　　　　D. 不满意
5. 您认为当今教育最需要培养学生(　　　)方面的素质？(可以多选几项)
A. 学业能力　　　　　　　　　　B. 合作能力
C. 善良与诚信的品质　　　　　　D. 快乐自信的心理素质
6. 您想对老师说：＿＿＿＿＿＿＿＿＿＿＿＿＿＿＿＿
7. 您对学校的教学管理有什么意见或建议？＿＿＿＿＿＿＿＿＿
　　谢谢您对本次活动的支持与配合！我们将根据您所提出的宝贵意见，认真反思，总结经验，改进不足，不断促进学校发展。

　　总而言之，"悦美音乐"把音乐学科的审美价值如春风般融入课程实施点点滴滴之中，让人文性、审美性、实践性在各项育人环节中得以体现，力求做到"悦耳悦心"。"悦美音乐"蕴涵着无尽的美雅文化，不仅传播音乐文化，还给学生以美的熏陶、雅的浸润，它犹如徐徐展开的最美画卷，给学生晕上最美的艺术素养，浸润每一位豫章学子稚嫩的心田。

第四章

全 程

学科育人的立体过程

儿童的生活与学习是立体鲜活的，育人活动是全方位的，贯穿儿童学习与生活的点点滴滴，因此课程要切实加强学科的横向逻辑和纵向衔接，把跨学段整体育人和跨学科综合育人作为重要的任务。课程整体育人应把对儿童全面发展的总体要求具体化、精细化，进而贯穿到各学段，融合到各类课程当中，从而实现不同课程间的优化整合、全程优质育人的功能。[①] 在尊重差异的前提下，在儿童经验、学科知识以及社会生活中找出内在联系整合成有机整体，实现课程的横向组织。与此同时，重视课程的纵向组织，让课程要素在不同学习阶段予以再现，让儿童有机会重温和深化已经学习的主题和技能，既要按照逻辑顺序直线组织，也要按照渐次提高深度和广度的螺旋线组织，从整体角度为学生构建立体动态的课程系统。

---

① 余慧娟,赖配根,李帆,施久铭.2018 中国基础教育年度报告[J].人民教育,2019(2)：10—39.

创美信息： 让信息技术丰盈儿童体验

南昌市豫章小学现有 11 名信息技术教师,其中,"特级教师"1 人,省级学科带头人 1 人,市级学科带头人 3 人。学校信息学科以创意为抓手,融合美学思维,通过自主性、探究性、合作性等涵盖课内外全方位的学习形式,构建"创美信息"课程。当代信息技术课程应展示信息技术极富魅力的一面,不仅是操作与技能,还要以引导学生用美的眼光来欣赏信息技术,真正掌握信息技术的方法、思想和精神,了解到信息技术在各个领域所发挥的作用,体验信息技术中的理性、智慧、乐趣。该课程的建构使信息技术的巨大魅力真正渗入教材、融入教学、直抵课堂,使信息技术学科更加平易近人。信息技术教学通过文化层面让学生进一步理解信息技术,喜欢信息技术,热爱信息技术。

第一节 创造即美,提升信息素养

一、学科价值观

根据《中小学信息技术课程指导纲要(试行)》的指导思想,中小学信息技术课程的主要任务是:培养学生对信息技术的兴趣和意识,让学生了解和掌握信息技术基本知识和技能,了解信息技术的发展及其应用对人类日常生活和科学技术的深刻影响。通过信息技术课程使学生具有获取信息、传输信息、处理信息和应用信息的能力,教育学生正确认识和理解与信息技术相关的文化、伦理和社会等问题,负责任地使用信息技术。培养学生良好的信息素养,把信息技术作为支持终身学习和合作学习的手段,为适应信息社会的学习、工作和生活打下必要的基础。

信息技术课程的设置要考虑学生心智发展水平和不同年龄阶段的知识经验和情感需求。各年级的教学内容安排要有各自明确的目标,体现不同年级的侧重点,注意培养学生利用信息技术对其他课程进行学习和探讨的能力;努力创造条件,积极利用信息技术开展各类学科教学,注重培养学生的创新精神和实践能力。

二、学科课程理念

学校"创美信息"课程的理念是:在创美中生长。生活中的美好无处不在,创造即美。课程的内容来源于生活,以信息技术为工具,尽情展示自己的奇思妙想,使学生在乐学、善思、乐享、美创的学习过程中提升信息学科素养,追求小学信息教育的真义,让学生在创美中聪颖,在创美中成长。

我们认为,"创美信息"即在生活中学习信息技术,运用信息技术,让生活更美好。

我们认为,"创美信息"即将创意和美学浸润到信息课堂中,融入到学生的精神世界里。

我们认为,"创美信息"即倡导重创新、重美育、重简约、重感悟。

我们认为,"创美信息"即学生精神享受的过程,是为学生的精神生命渲染底色的课程。

总之,学校"创美信息"实施的思路是以创意为抓手,融合美学思维,通过自主性、探究性、合作性等学习形式,提高学生学习兴趣,发展学生个性,拓展学生思维,培养学生创造能力,提升学生的信息素养。

第二节　精准目标,发展创新精神

一、学科课程总体目标

根据《中小学信息技术课程指导纲要(试行)》的要求,中小学信息技术课程的小学学段的教学目标是：

1. 了解信息技术的应用环境及信息的一些表现形式。

2. 建立对计算机的感性认识，了解信息技术在日常生活中的应用，培养学生学习、使用计算机的兴趣和意识。

3. 在使用信息技术时学会与他人合作，学会使用与年龄发展相符的多媒体资源进行学习。

4. 能够在他人的帮助下使用通讯远距离获取信息、与他人沟通，开展直接和独立的学习，发展个人的爱好和兴趣。

5. 知道应负责任地使用信息技术系统及软件，养成良好的计算机使用习惯和责任意识。

二、 学科课程年段目标

根据《中小学信息技术课程指导纲要（试行）》的指导，通过对各年级教材的提炼和总结，结合学校信息学科和学生的现状，现确定各年级的教学目标如下：

三年级：能正确操作鼠标、键盘，知道如何关闭和打开窗口。认识画图软件，能在计算机中找到画图软件。熟悉画图软件的工具，能利用工具画出几何图形。尝试运用美学的色彩和构图，通过画图软件绘制作品。

四年级：能理解什么是因特网，知道上网的一些设备，知道什么是网址。知道什么是搜索网站，能利用搜索网站下载图片。知道网络安全规则，能说出不正确地上网带来的危害。学会使用 PPT 制作幻灯片作品，掌握常用的PPT 动画设置技巧。能够运用掌握的技巧独立完成 PPT 动画作品，并学会展示多媒体作品。

五年级：认识 Excel 软件，能合理创建 Excel 文件。知道什么是行和列。知道如何利用工具求和，求平均分，按增或减排序。能制作一份简单的班级成绩表。熟悉 Scratch2.0 的操作界面，掌握它的常用功能。能够运用所掌握的技巧独立完成 Scratch 作品，并乐于与大家分享展示自己的作品。

　　六年级：掌握 Flash 软件的常用工具的设置和使用。学会运用 FLASH 软件制作编辑简单的动画作品。学会用 LOGO 基本绘图命令绘制基本图形、添加颜色并组成复杂图形。初步认识智能机器人，了解用控制命令操作机器人的方法。了解物联网和比特实验室的概念，尝试把物品与互联网相连接，进行信息交换和通信。

　　总的来说，信息技术课程的设置要精准设计目标，注意培养学生利用信息技术对其他课程进行学习和探讨的能力，努力创造条件，不断培养学生的创新精神和实践能力。

第三节　立体课程，培养实践能力

　　课程是一幢建筑的设计图纸，教学则是具体的施工过程；课程是一场球赛的方案，教学则是球赛进行的过程；课程是一首乐谱，教学则是对这首乐谱的演奏。基于"创美信息"课程是把信息技术与校本课程相整合，强调的是课程的横向联系，其目的是让特定的课程内容与其他课程内容联系起来，让学生能够把所学的知识贯穿起来，以提高综合知识的能力，获得综合经验。为此，校本课程的开发应致力于学生对学科知识的融会贯通与综合运用，让学生获得完整的、一贯的经验，而非零散破碎的事实，以防止学生的知识体系窄化、僵化和脱离生活实际，促使学生个体全面发展。[①]

　　"以学生发展为本，培养创新精神和实践能力"这一宗旨成为国家和地方共同选择的课程设计理念，形成了一种比较明显的儿童发展本位的价值取向。以学生的发展为本，以创新精神和实践能力培养为重点，要强调课程设计的社会需求取向，将儿童发展本位与社会本位联系起来考虑是非常必要的。"以学生发展为本"，是基础教育本质的体现，是学生发展与社会进步需

---

① 王传金.论校本课程开发[J].山东教育学院学报,2003(3)：32.

要在根本利益和价值体系上的统一。① 从这种价值取向出发,课程设计的均衡性、综合性和选择性显得尤为重要。

一、 学科课程结构

图 4-1 南昌市豫章小学"创美信息"
课程结构图

学校"创美信息"普及型课程以"江科版"三至六年级的教材为载体,落实国家课程。特色型课程以《中小学信息技术课程指导纲要》为依据,关注小学信息学科核心素养,结合小学学生的发展特点以及学校学生特质,从"乐学"(信息初步)、"善思"(数字表达)、"乐享"(信息安全)、"美创"(信息综合)四个维度(见图4-1),按年级、分阶段设计了相应的课程。纵向来看,由浅及深体现螺旋上升;横向来看,涵盖各年级四个维度的学习,在基础课程上开展了数字绘画、趣味动画、程序设计、比特实验的课程,课程设置贴合学生现有水平,环环相扣。

(一)"乐学"(信息初步)

信息技术初步是对计算机的初步认识,包括了解微型计算机的发展历史及基本组成,清楚计算机的硬件组成和软件组成,能够熟练地完成对计算机的基本操作:开关机、鼠标的操作、键盘的操作;初步了解什么是操作系统,认识到操作系统就是连接计算机和用户的接口,基本了解操作系统软件和应用软件的区别;在使用计算机软件,遵照国家有关法律规定,尊重作品的版权,养成良好的道德规范。

---

① 黄忠敬.我国基础教育课程政策:历史、特点与趋势[J].课程.教材.教法,2003(01):25.

（二）"善思"（数字表达）

了解信息技术在日常生活中的应用,培养学生学习、使用计算机的兴趣和意识是信息技术小学阶段的教学目标之一。我们以信息技术江西科学技术出版社的教材为依据,使孩子们能够熟练操作 OFFICE 软件进行文字录入、设计表格、制作演示文稿,在掌握好常用办公软件的基础上,再学习 FLASH 动画、LOGO 语言,让孩子们能够掌握日常生活中对计算机运用的需求。

（三）"乐享"（信息安全）

我国正处在互联网技术飞速发展的时代,培养小学生能够遵守信息法律法规,信守信息社会的道德与伦理准则,能积极维护他人合法权益和公共信息安全是小学信息技术教学中非常迫切的需求。[1] 为此,学校开设了认识计算机网络安全、认识计算机病毒、网络安全攻防、信息安全管理四门课程,培养孩子们积极学习的态度、理性判断和负责行动的能力。

（四）"美创"（信息综合）

信息技术课程有很强的综合性,兼有基础文化课程、学科课程、综合课程和活动课程的特点。[2] 在小学阶段,主要是用计算机与其他学科或活动整合在一起,淡化信息技术课程的"学科性"。为提升学生的信息素养,学校还开设了数字绘画、趣味动画、程序设计、比特实验室等课程,学生则可以按照自己的学习基础,根据不同的兴趣和特长学习进行选择,初步建立计算思维,培养学生在活动中使用计算思维处理问题的能力和良好的学习习惯。

---

[1] 解月光,杨鑫,付海东.高中学生信息技术学科核心素养的描述与分级[J].中国电化教育.2017(5)：13—14.
[2] 钟铁军.浅谈信息技术教学中学生自主学习能力的培养[J].读与写(教育教学刊).2015(8)：282.

二、 学科课程设置

　　学校信息学科在原有江西省科学技术出版社教材内容之外,还开发了数字绘画、PPT 创意动画、Scratch 程序设计、Pascal 语言、趣味比特实验等拓展性课程。这些课程各具特色,指导学生学习信息知识,感受信息技术的魅力。我们根据三到六年级学生的不同年龄特点和知识特点,整体规划了书目,有针对性地设定不同的主题(见表 4 - 1)。

表 4 - 1　南昌市豫章小学"创美信息"课程设置表

年级　　课程类别		信息初步	数字表达	信息安全	信息综合
三年级	上学期	初识计算机	认识画图软件	认识网络安全	数字绘画
	下学期	初识计算机	初识 Word	认识网络安全	数字绘画
四年级	上学期	计算机构造	Word 编辑	认识病毒	PPT 创意动画
	下学期	计算机构造	认识 INTERNET	认识病毒	PPT 创意动画
五年级	上学期	认识软件	PPT 设计	网络安全攻防	Scratch2.C
	下学期	认识软件	Excel 编辑	网络安全攻防	Pascal 语言
六年级	上学期	认识操作系统	Flash 动画	信息安全管理	认识智能机器人
	下学期	认识操作系统	走进 LOGO 乐园	信息安全管理	走进比特实验室

第四节　多维体验,保障持续发展

一、建构"创美课堂",有效实施课程

(一)"创美课堂"的实践操作

　　在"创美课堂"教学过程中,要让学生进一步了解信息技术发展的新动

态、新信息，培养学生从小养成收集信息、处理信息、存储信息、利用信息和交流信息的习惯和能力，提高学生创新思维和综合运用各科知识的能力。在这样的课堂上，学生勇于探索、独立动手的能力也得到了锻炼。

"创美课堂"要重视多种教学方法的优化组合，做到因材施教，发展学生的个性。教师注重帮助学生分析问题、培养解决问题的能力，增强学生的创新意识与实践能力，加强信息学科与其他学科、社会、生活的联系，让学生学会知识的迁移。在活动中，将"乐学""善思""乐享""美创"四个维度结合起来，有效地开发学生的创造潜能。教师应用电脑与网络，围绕一个主题组织学习，不仅让学生收获学科知识，还提升学生的主体意识及实践操作能力，更是将其习得的能力迁移到其他学科中，促进其他学科的学习。学生通过众多信息的归纳、综合抽象、评价等思维活动，找出相关规律，从而得出有创新的结论。①

为提高课堂教学效率，2018年初，我校信息教师成立了"信息技术校本课程教学研究小组"，在各年级开展信息技术校本课程的教学，取得了显著的效果。"创美课堂"通过"主题式情境"学习模式让参与者将科学、多媒体、艺术及音乐等跨学科知识，融汇于一个充满互动合作、寓游戏于学习的环境。②

在三年级数字绘画的教学中，"图形叠加"的概念相对抽象，学生难以解读。于是，教师利用一轮弯弯的明月作为教学资源，鼓励学生大胆思考："这个月亮怎么画出来的呢？""因为他把两个圆部分叠加在一起，就成了弯弯的月亮形状。"在老师的启发下，学生的思维得到有效激活，新的创意和技术需要也应运而生，"天平""糖果""篮球""白云"等通过图形叠加成的形状也在孩子们的手中应运而生。

四年级的 Scratch 编程课堂上，从小鱼吃大鱼、小猴爱香蕉、走迷宫的幽灵等小游戏范例开始教起，帮助学生们逐步学习编程技能。初期，从 Scratch

---

① 蔡焱.有效实施信息技术课教学的思考[J].电脑知识与技术,2013(30)：44.
② 牛晓牧,尹艳波.教师学习走向创意生态——以学前教师艺术教育课堂教学改革为例[J].陕西学前师范学院,2018(11)：13—16.

案例模仿学习中,学生学到了基本的编程方法,掌握了一定的编程思路;后期,各年级学生在学习了案例后,通过头脑风暴及团队合作,能够举一反三、触类旁通,设计出其他应用程序,编程技能及思维水平逐步提高。[①]

　　由于 Scratch 图形编程功能有限,更为复杂一些的计算则难以实现,五年级的"创美课堂"上,我们选取 Pascal 语言作为小学高年级段的进阶编程语言,学生已有的 Scratch 编程基础,将其注意力集中到解决问题的逻辑上,从而更加符合高年级学生从形象思维过渡到抽象思维、数理思维的智力发展过程,有利于培养学生的计算思维及数字化学习能力。[②]

(二)"创美课堂"的评价标准

　　根据"创美课堂"的特点,学校设计了相应的教学评价表,分为基础性评价和特色化评价两部分(见表4-2)。

表4-2　南昌市豫章小学"创美课堂"教学评价表

学科		班级		授课时间		授课地点			分值
执教者		课题							
基础性评价	教学目标	符合新课程标准,目标切合学生实际,符合信息技术核心知识、关键能力、计算思维和学科品质的培养要求。							10分
	教学设计	设计结构合理,简洁实用,重点突出,以学生发展为本,联系社会生活实际,发挥学生的自主性,体现"创美课堂"的教学策略。							10分
	教学活动	教师表现 1. 教学思路清晰,设计富有创意,体现生本意识。							25分

[①] 李昌科,薛莲.信息技术与学科教学融合的实践与探索——以 Scratch 使用为例[J].小学教学研究,2018(05):13—15.

[②] 陈前永,章伟.小学信息技术教学中进行 Python 编程语言教学的策略[J].数字教育,2019(02):83.

续　表

学科		班级		授课 时间		授课 地点		分值
执教者		课题						
	2. 媒体使用适当,突破重点难点,亮点耳目一新。 3. 教学机智灵活,点拨引导到位,体现因材施教。 4. 教学风格鲜明,个性特点彰显,富有时代气息。 5. 尊重学生差异,关注学生情感,体验成功喜悦。 6. 联系生活实际,体现学科价值,激发探究兴趣。							
	学生表现 1. 参与主动积极,有效合作学习,实现层次目标。 2. 敢于发表见解,课堂氛围和谐。 3. 思维科学活跃,贯穿学法指导,学习方式灵活。 4. 善于独立思考,具有探究意识。							25分
特色性 评价	设计符合不同课型的教学活动,体现"创美信息"的课堂文化,突出课程的核心要素,关注学科核心素养的培养。							10分
教学效果	基本实现教学目标,课堂中学习的主动性、互动的有效性、过程的实践性、知识的理解性、良好组织性等充分体现,信息技术学科关键能力和学科品质得到基本落实。							20分
评课 意见								

二、 推行"创美活动",培养良好信息技术学习习惯

(一)"创美活动"的实践操作

　　信息技术的学习中,学生不应只是被动地模仿接受,而应该主动思考,掌

握知识与技能,提升综合应用能力。"创美活动"尝试在信息技术中开展主题活动,贴近学生的生活经验设计活动主题,围绕主题安排相关学习活动,学生在开展主题活动的过程中获取知识、技能及情感体验,使学习成为一种体验性的活动。

"创美活动"围绕"心怀感恩　快乐成长"的主题,按阶段分解为"感恩母亲""感恩教师""感恩母校"共三个子活动,活动的根本目的是引导学生在学会感恩的同时能够更加积极、主动地学习、养成良好的信息技术学习习惯,提高信息素养。活动中涵盖文字处理软件、画图软件、演示文稿软件、编程软件等多个学习内容。具体安排见表4-3。

表4-3　南昌市豫章小学"创美活动"安排表

活动主题	心怀感恩　快乐成长
活动宗旨	引导学生积极、主动地学习、养成良好的信息技术学习习惯,提高信息素养。
应用软件种类	画图、Word、PPT、Scratch、Pascal 语言。
统筹安排	1. 活动时间:"感恩母亲""感恩教师"活动在节前一周,"感恩母校"在5月中旬。 2. 活动对象:"感恩母亲""感恩教师"针对全校学生,"感恩母校"针对六年级的学生。 3. 活动内容:"感恩母亲""感恩教师"一到三年级画图为主,四到六年级 Word 编辑为主,"感恩母校"以 PPT 或 Scratch 情景故事或动画为主。

（二）"创美活动"的评价

创美活动主要从学生的课堂表现、任务目标达成度、学生参与活动的热情、小组合作意识、能力发展等方面进行评价。具体见表4-4。

表 4-4　南昌市豫章小学"创美活动"评价表

"创美活动"评价项目	评价等级		
	优秀	良好	一般
目标明确，细心探究，运用所学的知识和技能，操作得当。			
积极参与活动，互相配合，互相学习，共同进步，团结协作，共享信息资源。			
对活动有学习的愿望与兴趣，对学过的知识和技能有正确的理解，能运用所掌握的知识和技能解决实际问题，具有探究和创新精神。			
对活动有积极的态度，自觉遵守课堂纪律，不妨碍他人学习、爱老师、爱同学、乐于助人。			
评价人	1. 学生评价(　)　2. 家长评价(　)　3. 同行评价(　)		
评语:			
评价人签名:			

三、创设"创美艺术节"，浓厚学习氛围

自我表现欲，是人类的基本欲望之一，是个人实现和展示自身价值的积极意念。正因为人类有了自我表现欲，才有了许多事情被人们主动地去完成、去实现、去创造，才有了世界的发展和社会的进步。[①] 小学生的表现欲是强烈的、旺盛的。参加"创美艺术节"正是孩子们张扬个性、展示自我、获得认同的绝佳途径。学校每年在四月中旬和十月中旬开设"创美艺术节"，展示项目分为数字绘画、创意编程、PPT 创意动画、趣味比特实验作品展。活动安排见表 4-5。

---

① 刘其友.五种教育的有利时机[J].中国学校体育,1994(6):23.

表4-5　南昌市豫章小学"创美艺术节"活动安排表

展示时间	四月第二周及十月第三周
展示形式	具体要求
数字绘画	使用"画图"等绘图软件,通过简易的图形、丰富的色彩表达主题。
创意编程	运用 Scratch、Pascal 等编程软件,创建寓言故事、原理演示、趣味小游戏等程序。
PPT 创意动画	运用 PPT 自带的自定义功能,通过自己创意,创建简单的情景动画。
趣味比特实验	通过比特实验室习得的知识,创造出能够解决生活中"难题"的实验作品。

（一）"创美艺术节"的实践操作

　　展示的作品既包括在课堂上生成的,也包含学生在课后通过自己的设计和加工得到的。数字绘画作品要求:主题明确、内容健康、构思新颖、反映当代青少年生活情趣和精神风貌。创意编程、PPT 创意动画作品要求:题材新颖、内容健康、积极向上。趣味比特实验作品要求:作品取材立足生活,能够解决实际生活中的特定需求。由于信息技术作品的特殊性,创意编程作品、PPT 创意动画作品安排在微机房进行展示。

（二）"创美艺术节"的评价要求

　　按年级组评,根据报名情况,各年级组取前 10% 为一等奖,前 10%—25% 为二等奖,前 25%—50% 为三等奖。团体总分计算按照:一等奖 5 分,二等奖 3 分,三等奖 2 分,参与但未获奖的按 1 分计算。团体总分前六名的获优秀团体奖。学校将选择各项比赛中的优秀作品参加"江西省中小学电脑制作技能提升活动"大赛。

评价具体细则见表4-6。

表4-6 南昌市豫章小学"创美艺术节"评价细则表

项目		评 价 标 准	等级	亮点	建议
思想性		主题特色鲜明、新颖、有明确的指向性。			
		时代感强,体现学校学生形象的要求。			
创造性		作品内容新颖,符合主流价值观。			
		作品表达富有创意,有说服力和感染力。			
		构思巧妙、创意独特。			
艺术性	数字绘画	构图完整、合理,具有较好的视觉效果,组画作品前后意思连贯。			
		准确运用图形、色彩等视觉表达语言。			
		处理好画面空间、明暗,具有形式美感。			
	创意编程	具有一定的审美情趣和故事情节。			
		音效与主题风格一致,具有艺术感染力。			
		前后意思连贯,构图完整、画面美观、色彩和谐。			
	PPT 创意动画	版面设计生动活泼。			
		封面、封底和报头的设计突出主题。			
		图文并茂,前后风格协调一致。			
	趣味比特实验	运用各种形式表现主题,有感染力。			
		作品美观、布局设计独到,富有新意。			

续　表

项目		评 价 标 准	等级	亮点	建议
技术性	数字绘画	技术运用准确、适当、简洁。			
	创意编程	选用制作软件和表现技巧恰当。			
	PPT 创意动画	思路清晰,动画流畅无误。			
	趣味比特实验	人机交互方便,结构清晰。			

四、建设"创美社团",发展兴趣爱好

学生社团是指学生在自愿基础上结成的各种群众性文化、艺术、学术团体,由兴趣爱好相近的同学组成。在保证学生完成学习任务,不影响学校正常教学秩序的前提下开展各种活动。目的是活跃学校学习氛围,提高学生动手能力,丰富课余生活,让学生在社团活动中交流思想,切磋技艺,互相启迪,增进友谊。[1]

开创"创美社团"是培养学生的兴趣、爱好,增加学生的课外知识,提高计算机技能,培养学生的观察能力和创新思维能力,提高学生的审美观、丰富学生的课余文化生活的有效途径。

(一)"创美社团"的类别

信息技术社团活动是课堂教学的补充和延伸,与课堂教学相比更加具有灵活性和可塑性,因而学生非常喜欢参加。要办好信息技术兴趣小组,教师必须根据学生的具体情况有计划有目的地进行,将信息技术社团活动办得有声有色。

---

[1] 刘海燕.中小学教师立德树人教育行动指南[M].东北师范大学出版社,2018.

1. 数字绘画社团。社团成员 25 人左右,本着自愿的原则,尽量招收美术方面有特长的且喜欢电脑制作的学生。活动要固定,每周一次,活动时间安排在星期二的课外活动,除特殊情况外不能轻易暂停。每位辅导老师要做到精心计划,精心备课,精心上课,保证信息技术社团活动的深度、广度和力度。

2. 创意动画社团。创意动画社团是一个实用性很强的课程,重点学习PPT 创意动画的内容,主要应用在自定义动画设置、PPT 场景安排等方面。具体的活动内容分为两个:(1)重点辅导学生自定义动画的设置技巧,重点应用 PPT2010 软件,提高学生的对一系列动作的完整设置能力;(2)指导学生从事 PPT 动画创作,培养学生的创新思维与创造力,创作出内容积极向上,催人奋进,有一定的欣赏性与实用价值的作品。

3. 机器人社团。机器人是一门涉及工程学、机电、物理、建筑、数字动力、电脑编程为一体的以培养学生综合性、创新性思维为宗旨的综合性多元化实践类学科。社团采用能力风暴 C203 套装为教学教具,根据学生程度的不同分别给予主题和任务,以学生自主探究为主,教师辅导为辅,让学生享受机器人的世界。本社团配备 2 名辅导教师,招收三年级到六年级共 32 名学生,根据学生年龄特点和学习能力以及对机器人技术掌握程度分为 8 组,4人一组。

开展信息技术社团活动,真正使学生学有所得,老师要付出更多的时间和精力,勤于思考,大胆实践,最大限度地调动学生的积极性,将社团开展得丰富多彩、富有特色。

（二）"创美社团"的评价要求

在程序编制过程中让社团成员逐步体验、感受程序的严密性、科学性。对程序编写的要求规范、准确,程序编写的格式、变量设置、函数要求准确。尽可能详尽分析社团成员的优劣势,使他们在以后的社团活动中进一步发挥自己的能力。评价具体细则见表 4-7。

表 4-7　南昌市豫章小学"创美社团"学生评价表

评价项目	评价标准	评价结果			
		自评	互评	教师评	总评
出勤	按时参加活动				
	不无故迟到早退				
技术性	选用恰当工具完成作品				
	技术运用准确、恰当				
艺术性	整体美观色彩和谐				
	构图合理主次分明				
创造性	形式新颖想象丰富				
	开发工具个性作图				
成果展示	独立完成作品创作				
	积极交流大方得体				

　　总之，随着信息技术知识不断更新，提升信息素养势在必行。因此，信息技术课上出"创美"意味，是我们共同的教学追求。我们在"创美信息"课程的引领下，实施出智慧和乐趣并存的信息技术课程，使信息技术回归生活现实土壤，在关注社会、关爱生命中发挥积极作用。让"创美信息"充满儿童情怀，弥漫着童年的幸福滋味，让信息技术丰盈儿童美好的童年！

第五章

全 策

学科育人的多维方法

学科课程是学生学习发展的主阵地，也是学生生命成长的主阵地。"学习发展"和"生命成长"不是空洞的概念，而是具体连续、不断变化的过程。自主、合作、探究、体验、思辨、项目研究等学科育人的多维方法，通过教师的正确、科学、有效地启发、指导，引导学生充分发挥自己的主观能动性，善于合作学习，并乐于进行更深层次的探索研究，从而养成良好的心理素质和学习品质，学会学习，学会做人，学会生活，拓展生命的长、宽、高，筑造生命的精神家园。①

① 赵春玲."自主、合作、探究学习"的英语课堂教学模式初探[J].课程教材教学研究(教育研究),2013(1)：9—10.

尚美英语： 让儿童活跃在动感的语言学习氛围

儿童英语教育是基础教育的组成部分。南昌市豫章小学从三年级起开设英语课程,现有英语教师 15 名,本科学历 13 人,研究生 2 人。其中有中国教育学会外语教学专业委员会会员 1 名,江西省电化教育教材审查委员会小学英语学科组成员 1 名,江西师范大学"国培项昌"小学英语学科客座讲师 2 名,江西省小学英语学科带头人 1 人,江西省小学英语骨干教师 2 人,南昌市小学英语学科带头人 2 人,南昌市小学英语骨干教师 3 人,南昌市教育系统人才专家库成员 1 名,南昌市外语教育协会理事 1 名,东湖区小学英语学科带头人 6 人,东湖区小学英语学科骨干教师 4 人。

学校英语教研组秉持"面向全体学生,重视语言学习的实用性和应用性"的课程理念,围绕学校提供的"创造适合学生发展的教育"来发挥团队合力。教研组致力打造"Speak English, Enjoy Life"的教研组文化。教师在平时的教学工作中形成了"不断思考、不断完善、不断创新"的教研风气,并积极参加各级各类分层的教研活动来提高业务能力以及专业素养,逐渐形成具有系统的、富有特色的、有着教师主张和学科视野的英语学科课程。为进一步深化学生核心素养,现依据教育部《关于深化课程改革落实立德树人根本任务的意见》及《义务教育英语课程标准(2011 年版)》,制定出学校英语学科课程建设方案。

第一节　以雅润心，筑造幸福家园

一、学科价值观

当今世界正处于大发展和大调整的变革时期，世界多极化和经济全球化的发展态势要求作为和平发展的大中国必须承担历史使命和国际责任与义务。英语作为全球使用最广泛的语言之一，已成为国际交往和文化、科技交流的重要工具，也成为中国了解世界和世界了解中国的桥梁。儿童肩负着未来发展的重任。

《义务教育英语课程标准(2011年版)》对英语学科的性质做了如下界定：义务教育阶段的英语学科具有工具性和人文性双重性质。就工具性而言，英语课程承担着培养学生基本英语素养和发展学生思维能力的任务。就人文性而言，英语课程承担着提高学生综合人文素养的任务。工具性和人文性统一的英语课程要求通过英语学习和英语实践活动，使学生逐步掌握英语知识和技能，提高英语实际运用能力，促进思维品质发展，锻炼意志，陶冶情操，发展个性，为学生的终身发展奠定基础。

英语课程可以更好地帮助儿童了解世界，学习先进的科学文化知识，促进思维品质发展，提高学习能力，传播中国文化，增进与各国儿童的相互理解和认同，为培养具有中国情怀、国际视野和跨文化沟通能力的社会主义建设者和接班人奠定有利的基础。学习英语还能帮助学生形成开放、包容的性格，形成正确的人生观、价值观和良好的人文素养，为其未来参与知识创新和科技创新储备能力，为未来更好地适应世界多极化、经济全球化以及信息化奠定基础。

二、学科课程理念

基于英语学科的特点，围绕学校"和雅豫章，尚雅人生"的办学理念，英语教研组经过反复研讨，合力制定出了具有豫小特色的"尚美英语"课程，即借助阶梯状课程形式，激励学生通过体验、探索，轻松、愉悦地内化知识，历练能力。具体诠释如下:"尚美英语"是体验、历练、激励、奔跑和乐享。

我们认为,"尚美英语"要摒弃"只唯书"的思维,积极开发并合理利用各种英语课程资源,优化英语教学。以"一切为了学生"为出发点,使语言学习的过程成为学生形成积极的情感态度,主动思维和大胆实践,提高跨文化意识和形成自主学习能力的过程,倡导在快乐的氛围中学习,让学生体会英语带来的无限乐趣。

(一) Experience 体验。英语教育注重语言学习的整个过程,强调语言学习的实践性,主张学生在语境中接触、体验和感受真实语言,并在此基础上不断深化语言的内涵。我们应该"为理解而教"(teaching for understanding),学校各年级通过丰富多样的阶梯状课程形式,开展多样化的教学,让学生在体验中理解语言、感悟语言、习得语言。

(二) Practice 历练。针对中年级学段学生特点,教师要在保持学生学习兴趣、积极性上下功夫,促进他们积极地、主动地参与思考,养成良好的语言、思维、交流等习惯。可走出课堂,提高观察、合作、探究、学习等能力。突出学生的自主性和合作性,重视学生主动积极地参与。针对高年级学段学生特点,教师应注意引导学生对学习内容的整体感受,丰富教学的内容,提倡生活学习,增加创作、探究学习的机会。①

(三) Encourage 激励。激励可以塑造人的正念,使人拥有正能量,燃起学习的火花,教师可以通过言传身教,以饱满的教学热情感染学生,用欣赏的眼光看待学生,用赞美的话语鼓舞学生,用过硬的专业素养塑造学生,用高尚的职业精神影响学生。帮助学生找到自我,培养英语的兴趣。通过广泛的课程内容激发他们的求知欲,提高英语学习基础,强化他们的自信心。

(四) Dash 奔跑。教师积极开发课程资源、项目学习资源,运用多种教育资源和教学方式,拓展学生学习和运用英语的路径,如朗诵、唱歌、趣配音、表演故事、英语演讲、英语 party、英语创作及英语作品展示等来落实学习过程。

---

① 杨金芳、李春华. 活跃的课程图景[N]. 华东师范大学出版社,2017. 11.

针对学习之间的差异，以小伙伴结对，一帮一的形式，大家一起奔跑起来，切实提高学生学习效率和效果。教师采用科学、合理的评价方式和方法，对教学的过程和结果进行及时、有效的监控。[①]

（五）Enjoy 乐享。针对学生不同阶段的特点，教师可以创设语言情境，通过搭配的音乐、身临其境的图片、妙趣横生的游戏、直观的动画视频等多种形式充分抓住学生的情感，调动学生的兴趣，促进学生语言技能的发展。让学生在享受课程学习的过程中，不知不觉地提高兴趣，增长知识，发展智力和塑造性格。教师与学生在轻松愉悦的氛围中一起体验"教学相长"的快乐，寻求教育的本真——快乐地学习。

总之，课程要求教师要顺着学生兴趣，贴近生活，通过有效互动、评价驱动来筑造开心、灵动的课堂。让学生跟着教师"动起来""乐起来"。通过手动、口动、脑动、心动，让学生在动静结合的体验中落实教学目标，内化语言，发展思维品质，培养学生自信、乐观、豁达、开朗、向上等品质。

第二节　目标科学，引领课程发展

《义务教育英语课程标准(2011 年版)》中英语课程的总目标是：通过英语学习使学生形成初步的综合语言运用能力，促进心智发展，提高综合人文素养。综合语言运用能力的形成建立在语言技能、语言知识、情感态度、学习策略和文化意识等方面整体发展的基础之上。语言技能和语言知识是综合语言运用能力的基础；文化意识有利于正确地理解语言和得体地使用语言；有效的学习策略有利于提高学习效率和发展自主学习能力；积极的情感态度有利于促进学生主动学习和持续发展。这五个方面相辅相成，共同促进综合语言运用能力的形成与发展。基于核心素养对学生的不同维度的要求，学校英语教研组以学生为本，以提高学生语言运用能力和发展学生的思维能力为

---

① 谢献珍.课堂评价系统在初中英语听说课的应用[J].教育信息技术,2017：60.

指导思想,创设英语课程群,来培养学生的综合语言运用能力,即从语言技能、语言知识、情感态度、学习策略和文化意识五个目标来分层实现。

一、 学科课程总体目标

(一)语言技能。语言技能是语言运用能力的重要组成部分,主要包括听、说、读、写方面技能的综合运用。小学阶段学生应达到以下目标:能根据指令做事情,能学唱英语儿童歌曲和歌谣 15—30 首,能够运用最常用的日常用语进行口头表达,并且做到发音清楚,语调基本达意;能在教师的指导下用英语做游戏,在游戏中进行简单的交际,并在教师的帮助和图片的提示下描述或讲述简单的小故事;能够看图识词,能模仿范例写句子,并且在书写过程中,正确地使用大小写字母和常用的标点符号;能简单地写出问候语和祝福语,并且能根据图片、词语或例句的提示写出简短的语句;在课堂上 20 到 25 分钟的视听基础上,教师每周指导学生表演小故事或小短剧。

(二)语言知识。学习者在小学义务教育阶段应该学习和掌握的英语语言基础知识包括语音、词汇、语法以及用于表达常见话题和功能的语言形式。小学阶段儿童应达到:在一至六年级的学习过程中能够正确读出 26 个英文字母,了解简单的拼读规则,了解单词有重音,句子有重读,了解英语语音包括连读、语调、节奏、停顿等目标;在日常会话中做到语音、语调基本正确、自然、流畅,并有重音和语调的变化;词汇方面,能根据单词的音、义、形来学习词汇;初步掌握运用 400 个左右的单词来表达二级规定的相应话题;学习者在语法功能话题方面,达到理解和运用某些语言来进行表达,并且在实际运用中体会语法项目的表意功能,理解和运用有关下列功能语言表达形式:问候、介绍、告别、请求、邀请、致谢、道歉、个人情况等。

(三)情感态度。保持学习者积极的学习态度是英语学习成功的关键。教师应在教学中不断激发并强化学生的学习兴趣。小学阶段学生应达到以下目标:在英语学习中,能够体会到英语学习的乐趣;敢于开口,表达中不怕出错误;乐于感知并积极尝试使用英语,积极参与各种课堂学习活动;在小组活动中能与其他同学积极合作;遇到困难时能大胆求助,并且接触外国文化,增强祖国意识。

（四）学习策略。在英语教学中，教师要有意识地帮助学生形成自己的学习策略。小学阶段学生应达到的目标是：积极与他人合作，共同完成学习任务；遇到问题主动向老师或者同学请教；会制定简单的英语学习计划，并且对所学内容能主动复习和归纳；在词语与相应事物之间建立联想；在学习中集中注意力，并且在课堂交流中，注意倾听，积极思考；尝试阅读英语故事及其他英语读物；积极运用所学英语进行表达和交流，注意观察生活中使用的简单英语，最终初步借助简单的工具书学习英语。

（五）文化意识。语言学习与文化意识的形成是相辅相成的。小学阶段学生应达到的目标有：知道英语中最简单的称谓语、问候语和告别语，对一般的赞扬、请求等作出适当的反应；知道国际上最重要的文娱和体育活动，英语国家中最常见的食品和饮料的名称以及这些国家的首都、国旗；了解世界上主要国家的重要标志物及英语国家中重要的节假日。

二、学科课程具体目标（见表 5-1）

表 5-1 南昌市豫章小学"尚美英语"课程具体目标表

年级	语言技能	语言知识	情感态度	学习策略	文化意识
三年级	1. 能根据指令做出相应反应。 2. 能学唱英文歌曲或者歌谣12首。 3. 能在教师的指导下用英语做游戏。	1. 正确读出26个字母。 2. 了解简单的自然拼读。 3. 知道单词是由字母组成。	1. 能在教师的引导下积极与他人合作。 2. 喜欢学英语，乐于参与课堂的英语活动。	1. 积极与他人合作，共同完成学习任务。 2. 遇到问题能主动向老师或者同学请教。 3. 会制订简单的英语学习计划。	1. 知道英语最简单的问候语、称谓、告别用语。 2. 对一般的赞扬、请求、道歉等做出适当的反应。

年级	语言技能	语言知识	情感态度	学习策略	文化意识
四年级	1. 能根据指令画图做动作等。 2. 能够唱英文歌曲或者歌谣15—20首。	了解名词的复数形式的一般变化形式。	1. 乐于感知并积极尝试使用英语。 2. 积极参与各种课堂学习活动。	1. 对所学内容能主动复习和归纳。 2. 在词语与相应事物之间建立联想。 3. 在学习中集中注意力。	1. 知道世界上主要的文娱和体育活动。 2. 知道英语国家中典型的食品和饮料的名称。
五年级	1. 借助图片、图像、手势,听懂简单的话语或录音材料。 2. 能就日常生活话题作简短叙述。 3. 能根据图片、词语或例句的提示,写出简短的语句。 4. 能在教师的帮助下表演小故事或小短剧。	1. 在实际运用中体会以上语法项目的意义、用法和表意功能。 2. 名词的单复数形式和名词所有格。 3. 人称代词和形容词性物主代词。 4. 一般现在时,现在进行时。 5. 表示时间、地点和位置的常用介词。	1. 在小组活动中能与其他同学积极配合和合作。 2. 遇到困难时能大胆求助。	1. 在课堂交流中,注意倾听,积极思考。 2. 尝试阅读英语故事及其他英语课外读物。 3. 积极运用所学英语知识进行表达和交流。	1. 知道主要英语国家的首都和国旗。 2. 了解主要英语国家的重要标志物。

续　表

年级	语言技能	语言知识	情感态度	学习策略	文化意识
		6. 简单句的基本形式。			
六年级	1. 能学唱简单的英语歌曲和歌谣 30 首左右。 2. 能在教师的帮助下表演小故事或小短剧。	1. 在实际运用中体会以上语法项目的意义、用法和表意功能。掌握一般过去时，一般将来时。 2. 理解运用问候、介绍、告别、请求等话题的语言表达形式。	乐于接触外国文化，增强祖国意识。	1. 注意观察生活或媒体中使用的简单英语。 2. 能初步借助简单的工具书学习英语。	1. 了解英语国家重要的节日文化。 2. 在学习和日常交际中，能初步注意到中外文化异同。

第三节　框架严谨，推进课程探索

学校在开设"尚美英语"课程时，一方面从三到六年级学生的年龄特点出发，一方面基于教材内容出发，框架严谨，开设 20 门子课程，推进课程探索。

一、学科课程结构

结合《义务教育英语课程标准(2011 年版)》所给出的标准，我们对"尚美英语"课程进行了系统、科学的开发。教师通过一系列有趣的活动，让学生体

图5-1　南昌市豫章小学"尚美英语"课程结构图

验英语,习得英语,在玩中学,在做中学。我们将每个年级要开展的活动课程都按照"律动ing""乐乐拼ABC""节日FC""悦读club"和"风采show"五个板块来设计(见图5-1)。

"律动ing"指沉浸在有旋律,有节奏,有韵味的英语素材中习得英语,这种方式不仅可以让学生在学习中动起来,调动他们学习的积极性,又可有效地激发学生学习英语的兴趣,促进语音语调的学习。

"乐乐拼ABC"就是通过举办单词拼写大赛,让学生在学习了自然拼读的基础上,根据发音规则拼出单词,让学生在竞争中感受学习英语的乐趣与成功感。

"节日FC"则是先通过学习了解中国传统节日,最后能独立阐述自己喜欢的中国传统节日,通过组织与节日有关的主题体验活动,让学生在参与体验中了解、学习和感受节日文化,从而增强其节日文化意识。[1]

"悦读club"是让学生通过绘本阅读和分级阅读,增加知识,拓宽视野,从而由学英语知识变成用英语学知识。

"风采show"就是为学生搭建展示自我的舞台,培养学生英语语言的实践能力以及综合运用能力。

二、 学科课程设置

教师通过创设快乐、轻松、和谐的学习氛围,利用听、说、读、写、玩、演、唱等教学手段对学生进行英语语言浸润式教学。课程设置(见表5-2)及框架表(见表5-3)如下。

---

[1] 秦继兰.小学英语教材中的节日文化内涵解读——以北京版小学英语教材为例[J].基础教育外语教学研究,2016(6):59.

表 5-2　南昌市豫章小学"尚美英语"课程设置表

年级	"律动 ing"	"乐乐拼 ABC"	"节日 FC"	"悦读 club"	"风采 show"
三年级	High 翻字母	书写达人	We Know	Happy 悦读绘	Show Me
四年级	节奏大师	CVC 拼读	Best Wishes	Fun Reading	Show Us
五年级	Tongue Twister	单词 go go go	Poster	Share Reading	Dubbing Show
六年级	Melody	Spelling Bee	Festival Culture	环球 Movie	Talk Show

表 5-3　南昌市豫章小学"尚美英语"课程框架表

年级	"律动 ing"	"乐乐拼 ABC"	"节日 FC"	"悦读 club"	"风采 show"
三年级	High 翻字母课程通过一套字母操、一首字母歌、一首语音歌，让学生在边唱边做字母动作时掌握 26 个字母的形、音以及字母在单词中的基本发音。让小学低段的学生玩中学，学中玩，激发学生的学习兴趣。	书写达人课程让学生用手指跟随教师书写字母，练习字母的笔画，然后选几组学生进行字母书写演板，从书写的规范和美观两个角度评选出"书写达人"，让学生在竞赛中感受学习英语的乐趣与成功感。	We Know 课程通过头脑风暴的方式，让学生说出已知的我国重要节日问候语，教师再引导他们说出西方相关节日问候语。以此拓展学生的语言知识，丰富学生的文化背景知识。	Happy 悦读绘即英语绘本阅读。教师组织学生阅读有趣的绘本故事不仅可以增加知识、拓宽视野、激发他们的思考能力，同时也可以培养三年级学生对英语的语感，开启他们的英语学习之旅。	Show Me 课程给学生一个小试牛刀的平台，让初学者有欲望想展示自己所学的英语知识。通过各种形式来 show 出自己的英语，可以唱简单的英文歌、讲述简单的英文故事、配音等等。

续　表

年级	"律动 ing"	"乐乐拼 ABC"	"节日 FC"	"悦读 club"	"风采 show"
四年级	节奏大师课程通过 chant 的方式让学生开心地学英语。通过 chant 的形式展现单词和句子等,让学生在学习中动起来,有效地提升学生学习英语的乐趣。	CVC 拼读课程借助"CVC"单词的组成部分把学到的拼读规则放在各种英语情景中练习。让学生建立自然拼读的意识,增加拼读自信心。	Best Wishes 课程进一步了解简单的节日祝福语,通过情景短句表演,绘制节日祝福语主题的手抄报等形式在生活中加以灵活地运用。	Fun Reading 课程即趣味阅读,通过英语课堂制造轻松愉悦的环境,提高学生英语阅读的水平。英语趣味阅读以幽默的方式,增强学生的学习自信心,融洽师生关系。	Show Us 通过课本剧展示、童话剧展示等丰富学生的校园课余文化生活,激发学习兴趣,开阔视野,培养学生的语言实践能力和综合运用能力。在活动中,学会合作,形成健康的个性心理。
五年级	Tongue Twister 绕口令以独特的语言艺术形式、巧妙的结构,深受学生喜欢。学生通过节奏感鲜明的绕口令练习,既可调动学习积极性,又可促进语音、语调的学习。	单词 go go go 倡导以赛促记。通过课堂拼写比赛,设置奖项、评奖机制来激发学生记忆单词的热情,同时检测学生的书写,做到以赛促写。	Poster 手抄报制作是一种实践性很强的英语活动形式,它集阅读、选材、绘画于一体。通过手抄报的制作加深学生对节日文化的理解,以自己独特视角理解中西文化的不同,促进综合素质提升。	Share Reading 学生根据教师提供的材料,读后记录自己学到的新词和新的表达方式,学生可以在小组间分工进行角色扮演,续写故事、制作好书推荐单等,最后在全班分享。	Dubbing Show 让学生自由发挥、亮出声音、展现个性,根据学生所学内容和个人喜好,准备一些经典的英文歌曲或动漫,进行配音。在有趣的活动中,增强学生的学习兴趣和提高英语水平。

续　表

年级	"律动ing"	"乐乐拼ABC"	"节日FC"	"悦读club"	"风采show"
六年级	Melody课程为学生筛选歌曲素材，先欣赏歌曲旋律，然后讲解歌词及介绍歌曲的主题背景，再逐句听歌词，模仿语音，接着听歌跟唱，最后进行分组展示。	Spelling Bee课程，每期固定给学生一个主题的单词，或举办单词拼写大赛，让学生听懂单词、理解词义并正确拼写出来。每期冠军可以参加最后的总决赛，出题范围由话题词汇扩散开来。通过该形式促进学生记忆单词。	Festival Culture课程将中西方相似的两个节日放一块学习，学生通过调查各自的习俗、典故，举办与节日相关的主题活动，最终比较出二者的异同之处。	环球Movie课程通过欣赏电影中的精彩片段，了解该语篇的大意。再通过回看细节，学习其中生词的含义和句式结构的用法。最后模仿表演该片段，达到巩固和内化。	Talk Show课程将英语学习渗透到日常生活中，力求在循序渐进的节奏中将学习的过程变得生动化与趣味化。通过增加学生的英语口语交流机会，培养学生国际化视野，增加他们的英语学习热情。

第四节　多维方法，促进生命成长

一、课程的实施

　　"尚美英语"应彰显英语特色的趣味性、人文性、工具性、实用性的原则，学校创设快乐、高效的英语课堂，阶梯实用的校本课程以及融合课程体系，采取多维度的教学方法，培养学生听、说、读、写的语言综合运用能力，从而促进其生命成长。

（一）建构"尚美课堂"，有效实施课程

　　"尚美课堂"之下的英语学科的课堂教学建设主要包括基本要求和评价

要求两个方面。

1."尚美课堂"的基本要求:(1)让学生在情境中体验英语学习的过程,教师依托丰富的课堂活动来让学生对知识形成真正的理解。如:节奏大师、We Know、Best Wishes、Show Us 等课程设置,让学生在情境中体验英语学习的氛围。(2)为了培养学生良好的与人沟通交流的习惯,活跃的思维活动,我们可以将教学活动扩大至教室以外的范围,课内外结合如:Spelling Bee、Festival Culture、Dubbing Show 等课程设置,让学生在探索中学习,发展他们与人协作处理问题的综合能力。(3)课堂上,教师以饱满的教学热情感染学生,用赞赏的话语鼓励学生。通过广泛的课程内容,如:High 翻字母、书写达人、Happy 悦读会、Show Me 等来帮助学生发现自己学习上的优势,增加他们学习英语的信心。(4)教师积极开发好课程资源,运用多种教育资源和教学手段,拓展学生学习和运用英语的渠道,如 Tongue Twister、CVC 拼读、Poster、环球Movie 等来落实学习过程,教师采用科学、合理的多元评价方式和方法,有助于学生学习效率和效果的提高。(5)教师可以通过丰富多样的视听资源,以玩、演、唱等活泼生动的形式充分调动学生情感、兴趣等因素,促进他们语言技能的发展。如 Melody、Talk Show、单词 go go go、Fun Reading 等课程就特别吸引学生,能提升学生的学习兴趣。

2."尚美课堂"的评价要求:(1)学生是课堂的主体。"尚美课堂"就是要激发学生学习的积极性和主动性,在教师的引导下养成良好的学习习惯,培养他们的学习兴趣和能力。(2)师生乐享课堂。学生在课堂上积极学习,乐学乐思,并随着年龄的增长对英语学习保持持续性的兴趣和浓厚的求知欲,享受与人合作、交流和探究的快乐,引导学生以积极向上的态度健康成长。教师在教学中,寓教于乐,创设高效的英语课堂,把真情融入到英语课堂当中,始终保持新鲜感。(3)创设有趣并高效的英语课堂。要注意语言的交际性、功能性,让学生达到 study in English、use in English。高效的英语课堂要求教师对教材的把握,对知识的整合和应用必须精准。高效的英语课堂更尊重学生的个体差异,让学生对学习产生极大的满足感。评价方式见表 5-4。

表 5-4 南昌市豫章小学"尚美英语"课堂评价表

评价内容	评价标准	评价等级
课堂表现	1. 遵守课堂纪律，发言大胆积极。 2. 语音面貌及表演能力。 3. 从 pair work, role play, group work 等方面体现出来的合作精神和沟通能力。	每周统计一次，以表量化。优秀得 A，良好得 B，达标得 C，未达到标准得 D。
书面作业	1. 作业完成认真，按时上交。 2. 作业干净整洁规范。 3. 作业出现的错误少并能及时订正。	每周统计一次，以表量化。作业无误且整洁得 A，按时完成但有误或不整洁得 B 或 C，不按时完成得 D。
听读作业	1. 按时完成听读打卡作业，每周至少三次。 2. 在组长或课代表处流利背诵课文。	打卡作业和背诵课文根据语音语调进行评价，语音正确、标准得 A，语音基本正确但不够标准或语调不对得 B 或 C，不流畅得 D。

（二）提倡"会听、会说、会写、会读、会思"，培养良好的英语学习习惯

教师在开展教学活动的过程中，要注重学生学习方法的指导。主要体现在以下几方面：

1. 指导学生学会听。语言学习，从听开始。学校英语教研组根据优秀教师经验分享与总结，制定从低年级到高年级的听力课程，如 Melody、环球 movie 都有侧重听力的引导。

2. 引导学生要多说。如何在英语课堂内外，引导学生大胆说，主动说。学校课程设置的 Tongue Twister、Spelling Bee、Talk Show，以充满趣味性、挑战性的活动吸引学生积极参与，有意识地模仿、练习语音。整合教学内容开展游戏教学，真正给学生提供施展口语训练、交际的舞台与场所。

3. 教会学生学会写。小学英语阶段，从字母的书写，到单词的书写，再到

句子的书写，都是非常重要的内容。我们在"书写达人"和 Poster 手抄报制作等课程中都有很好地体现书写的指导，这样有益于提高指导学生的书写能力。

4. 鼓励学生要乐读。小学英语阶段，要鼓励学生多读，在不同的学段，我们采取的措施也不一样。低年级学段鼓励学生张口读英语、跟着音频模仿读英语、同伴合作竞赛读英语，从乐读中培养学生学习英语的自信心。中高年级阶段，在乐读的基础上开始逐步引导学生培养阅读的能力，掌握有效的阅读技巧。在注意养成良好的阅读习惯的同时，也要提高阅读速度。学校开设的课程 Happy 悦读绘、Fun Reading、Share Reading 都在鼓励学生乐读方面进行实施。

5. 启发学生要勤思。思，即思维品质。英语本就是一门学语言的学科，语言又是思维的载体。因此，在平常的日常教学中，教师要有意识地培养学生的英语思维能力。学校开设的课程 Festival Culture、Talk Show 中都在学生勤思方面有侧重引导。评价方式见表 5-5。

表 5-5　南昌市豫章小学"尚美英语学习习惯"评价表

评价内容	评 价 等 级
听力	1. 每天听英语录音至少 30 分钟，且能复述所听内容，得 A。 2. 每天听英语录音 20 至 30 分钟，且能大致复述内容，得 B。 3. 每天听英语录音 15 至 20 分钟，能了解大意，得 C。 4. 每天听英语录音少于 15 分钟，得 D。
口语交际	1. 在口语交际中积极自信地展示自己语音纯正，语调自然，得 A。 2. 在口语交际中大方地展示自己，语音语调有少许错误，得 B。 3. 在口语交际中基本能表达自己所想，语音语调有部分错误，得 C。 4. 在口语交际中不能完整地表达自己的想法，得 D。
阅读	1. 每天阅读英语文章至少 30 分钟，且能理解文意，有笔记，得 A。 2. 每天阅读英语文章 20 至 30 分钟，大致理解文章，得 B。 3. 每天阅读英语文章 15 至 20 分钟，了解基本大意，得 C。 4. 每天阅读英语文章少于 15 分钟，得 D。

续　表

评价内容	评价等级
书写	1. 每天练习一页，无错误，格式正确，书写美观，得 A。 2. 每天练习一页，无错误，格式正确，书写不够美观，得 B。 3. 每天练习一页，少许错误或格式不正确，书写不够美观，得 C。 4. 每天练习一页，书写部分错误或格式不正确，书写潦草，得 D。
思考	1. 能辩证地思考问题，敢于提出自己的观点，得 A。 2. 积极思考，大胆地提出自己的问题和困惑，得 B。 3. 能根据老师的问题去思考，但不能独自得出结论，得 C。 4. 不愿意开动脑筋思考，得 D。

（三）创设文化节，浓厚学习气氛

　　结合英语学科的跨文化意识的培养，学校将结合中西方文化点来开展不同性质的英语派对节。在相应的节日里，开展相对的主题活动：如在中秋节举行关于"嫦娥奔月""后羿射日"的英语剧表演大赛，元宵节举办"英语猜谜""饺子制作教程"的海报设计大赛等。此外，这些节日都可以通过这些有趣味的活动创设良好的学习氛围，体验英语，用英语做事，提高学生的国际视野。评价方式见表5-6。

表5-6　南昌市豫章小学"尚美英语"特色型评价表

评价内容	评价标准及等级
英语剧表演赛、英文歌、配音秀、绕口令	1. 语音优美，语调正确，有表现力，得 A。 2. 语音语调正确，不够地道，缺乏表现力，得 B。 3. 语言不够流畅，得 C。 4. 有明显的发音问题，得 D。
海报制作展评	1. 海报设计图文并茂，句子书写工整正确，制作精良，得 A。 2. 海报设计图文并茂，但书写不工整或有个别错误，得 B。 3. 海报设计不太美观，书写有严重的语法错误，得 C。 4. 海报设计应付了事或未上交，得 D。

（四）建设绘本社团，发展学生的阅读爱好

学校将根据英语课程的实施方案，建设一级一级的绘本社团。根据学生的阅读水平，给他们提供相应级别的阅读书目。通过社团课，老师教授一系列的阅读策略，培养学生的阅读技能与技巧，让他们学会阅读。学习之后，老师指导学生表演绘本故事或创编故事制作成绘本，以巩固拓展学生所学。评价方式见表5-7。

表5-7　南昌市豫章小学"尚美英语"绘本社团评价表

评价内容	评价标准及等级
英语绘本故事表演	1. 表演时声情并茂，语音地道，语调正确，得A。 2. 表演时动作不够自然，语音语调有个别错误，得B。 3. 表演时动作僵硬，台词不流畅，无语调的变化，得C。 4. 表演时无动作，台词不完整，得D。
英语绘本故事制作	1. 绘本设计图文并茂，故事内容合理，无语病，书写美观，得A。 2. 绘本图文结合，语句通顺，有少许错误，书写工整，得B。 3. 绘本图文结合，主题不明，语句不通顺，得C。 4. 绘本图文简陋，语义不明，得D。

（五）开展项目学习，拓宽学用渠道

学校以"南昌美食知多少"为项目学习主题，以"怎样向国外友人介绍南昌美食"为核心问题组织学生开展多种活动，引导学生自主探究，了解南昌的饮食文化，学习与美食有关的词汇，拓展词汇量，掌握用不同句型介绍食物。在待人接物中学习用餐礼仪，在不同场域用英语主动表达，唤起学生对家乡的认同感和自豪感，激发学生对家乡南昌的热爱之情。

项目实施过程中，教师帮助学生搭建学习支架，制定评价量规；项目实施过程中，孩子们以"点餐员""小厨师"……的身份参与到各项活动中，与同学们一起合作，制作英文手抄报、菜单、绘本、PPT、明信片等，用不同形式介绍南昌美食。孩子们不仅对南昌美食文化有了进一步了解,而且在用英语展示的过程中提升了语言知识与技能,使英语的工具性与人文性得以统一。项目学习评价方式见表5-8。"南昌美食知多少"项目学习案例详见第五节。

表5-8　南昌市豫章小学"尚美英语项目学习"评价表

评价内容	评价等级及要求
获取信息能力	1. 熟练使用搜索引擎,有策略地从多角度获取多种类的信息,并能鉴别信息的有效性,得 A。 2. 借助搜索引擎,获取多种类的信息,并能鉴别信息的有效性,得 B。 3. 借助搜索引擎,获取大量与主题有关信息,得 C。 4. 搜索引擎使用不熟练,勉强得到与主题相关信息,得 D。
项目学习作品	1. 作品与主题贴切,图文并茂且美观,格式正确,表达正确,语句顺畅,得 A。 2. 作品主题鲜明,图文并茂,符合格式要求,表述清晰,但有个别语病,得 B。 3. 作品符合主题,图文兼具,不够美观,表述基本大意,有部分语病,得 C。 4. 作品未能表达主题,或图文不详,语句不通,得 D。
作品展示解说词	1. 主旨明确,内容丰富,句式正确,用词准确,无语病,得 A。 2. 立意鲜明,内容完整,有少许语病,得 B。 3. 内容简单,主旨不够明确,有较多语病,得 C。 4. 内容不完整,立意不明,词不达意,得 D。
展示作品表现力	1. 脱稿解说,自信大方,动作自然,语音优美,声情并茂,得 A。 2. 偶尔看稿,表情自然,得体,声音宏亮,解说顺畅,得 B。 3. 解说不顺畅,时常看稿,声音不大,得 C。 4. 完全读稿,紧张怯场,声音很小,得 D。

二、"尚美英语"课程评价

（一）评价理念

学校的"尚美英语"课程紧紧围绕《义务教育英语课程标准（2011版）》和学科课程学习内容和认知水平评价参照表，结合学生的学习和发展实际，采用多元优化的评价方式，评价学生综合语言运用能力的发展水平。坚持评价的科学性、导向性、激励性、参与性、多样性、可行性、阶段性原则，以形成性评价为主，以学生平时参与各种英语教学活动时所表现出的兴趣、态度和交流能力为主要依据。[①] 我们提倡强化评价的激励和反馈功能以帮助学生发展多方面的潜能。

（二）评价目标

通过课堂评价，完善课堂的构成要素，不断丰富总结经验，夯实基础，实现教学的最优化。

（三）评价内容

我们的"尚美英语"课程评价从学生的语言技能与知识、学习策略与情感、文化交际意识和能力三个方面入手，围绕听、说、读、写、唱、演等方面的能力进行。在自然拼读类课程、阅读类课程、中外文化类课程、口语展示类等课程中，让学生通过体验、探索、鼓励、乐享，有效地学习英语，综合培养他们在听说读写、玩演视听做方面的能力。

（四）评价方法

结合英语学科特点，根据课程内容的不同，学校"尚美英语"课程评价分

[①] 郭苑怡.新课程下小学英语教学评价的实践探索[J].教育导刊(上半月),2009(12)：55.

为：课堂评价(见表5-4)、学习习惯评价表(见表5-5)、特色性评价(见表5-6)、绘本社团评价表(见表5-7)、项目学习评价表(见表5-8)以及终结性评价(见表5-9)。最终的评价等级依据各项评价等级进行评定，即A、B、C、D。

表5-9　南昌市豫章小学"尚美英语"终结性评价标准表

语言才艺展示	A档：展示时语音语调标准，朗读自然流畅，整体有2处以内错误。 B档：展示时语音语调较标准，朗读较流畅，整体有3—5处错。 C档：展示时语音语调不标准，朗读不流畅，整体有5—8处错误。 D档：展示时语音语调极不标准，朗读极不流畅，整体有8处以上错误。
语言知识与技能测试	A档：能借助图片读懂简单的故事或小短文(二级)。 B或C档：较能借助图片读懂简单的故事或小短文(二级)；较能理解并解释图表提供的信息(四级)；大体上能找出文章的主题，理解故事的情节，能利用词典等工具书进行阅读(五级)。 D档：不能借助图片读懂简单的故事或小短文(二级)。

综上所述，我们通过"尚美英语"课程构建与实践的研究，培养全面而个性发展的儿童，使学生具备"尚雅"的人格特点。从儿童的学习兴趣出发，倡导体验、参与、合作与交流的方式和任务性的教学途径，培养儿童良好的语音、语调、语感，逐步发展儿童的综合语言运用能力。加强学习策略的培养，提高儿童自主学习的能力；提高英语课堂效益，创设英语学习情境，让儿童活跃在动感的语言学习氛围中。

第五节　项目学习完整案例分享

"南昌美食知多少"项目学习案例详细介绍如下：

一、项目简介

语言环境是英语学习之魂,"下水浸泡"是掌握英语的关键。以往的英语学习,学生的学习方式停留在听讲——背诵——练习——再现,学生头脑中存储的知识面窄,词汇量匮乏,不爱开口说。因此,我们引入项目学习,创设真实的生活情境,倡导体验、实践、参与、交流与合作的学习方法,把学生放到"水里"浸泡,拉近现实生活与英语语言的距离,在有意义的交际活动中培养学生的综合语言运用能力。项目简介表见(表5-10)。

表5-10 "舌尖上的南昌"项目简介表

项目名称	舌尖上的南昌		适用年级	四年级
项目类型	跨学科项目学习		项目时长	6课时
涉及学科	英语、数学、美术、信息技术			
项目概述	"舌尖上的南昌"项目学习,以"怎样向国外友人介绍南昌美食"为核心问题组织学生开展多种活动,引导学生自主探究,了解南昌的饮食文化,学习与美食有关的词汇,拓展词汇量,掌握用不同句型介绍食物。在待人接物中学习用餐礼仪,在不同场域用英语主动表达,唤起学生对家乡的认同感和自豪感,激发学生对家乡南昌的热爱之情。			
核心问题	本质问题	如何用英语介绍美食?		
	驱动问题	怎样向国外友人介绍南昌美食?		
知识与技能	1. 了解家乡的特色饮食,能听读"garlic""salt""pot"等词汇,在语言实践中拓展词汇量。 2. 学会运用动词组合"put … into""boil … for""mix … up"和"Wash the rice noodles"等祈使句型介绍南昌美食的制作过程,能够用英语较准确地表达。 3. 结合问题情境,经历收集、整理和分析数据的过程,进一步理解统计的意义。会根据数据分析的结果做出判断和预测。 4. 能够通过网络获取信息,并能初步筛选、鉴别、整理信息,提高信息素养。 5. 学会制作一道美食,感受烹饪的乐趣。在用英语介绍南昌美食时,体会南昌的饮食文化,激发学生热爱家乡的情感。			

续　表

关键能力	语言表达能力，信息素养，沟通与协作能力，借助工具学习的能力。	
项目成果	产品形式	海报、名片、手抄报、绘本、菜单等。
	展示方式	美食汇、模拟点餐、学生活动展板等。
学习评价	过程评价	《词汇小达人评价表》《获取信息能力评价表》。
	结果评价	《讲述小明星评价量规》。
项目资源	硬件资源：数码相机(或可拍照手机)、录音笔、计算机、网络、一体机等。 软件资源：图像处理、网页浏览器、绘图软件、文字处理软件。 印刷材料：评价量规、学生支持材料。 其他物品：卡纸，彩笔等。	

二、项目启动

(一) 驱动性问题的提出

英语作为一门交际性语言，学习的最终目的就是使学习者能够用英语自由地交流、表达。"民以食为天"，孩子们说起食物来总是滔滔不绝。我们通过项目学习，创设了向国外友人介绍南昌美食的真实情境，让学生处于熟悉的生活场景中，感觉自己有话可说，产生强烈的表达欲望。

向外国友人介绍南昌美食的时候，会使用到食物、厨具、餐具、食材、调料等物品的名称。人教版 PEP 小学英语教材中，三年级上册"Unit 5 Let's eat!"、四年级上册"Unit 5 Dinner is ready"、五年级上册"Unit 3 What would you like?"渗透了食物类和餐具类等内容。课本中仅学习了"cake""fish""rice"等简单的词汇，这些词汇量对于向外国友人介绍美食是远远不够的。因此，孩子们需要积累大量词汇，在不同场合用英语主动表达。从饮食这一最基础的生活层面来了解南昌的风俗习惯，培养学生对中华传统美食的了解与热爱，养成合理的跨文化心态,形成运用英语向外国人介绍中华美食的初步能力,从而初步发展学生跨文化交际的意识和能力。

项目实施过程中,孩子们以"餐厅服务员""小厨师""美食家"等不同的身份参与到各项活动中,与同学们一起合作,制作英文手抄报、菜单、绘本、PPT、明信片等,用不同形式介绍南昌美食。孩子们不仅对南昌美食文化有了进一步了解,而且在用英语展示的过程中提升了语言知识与技能,使英语的工具性与人文性得以统一。

(二)学生分组

在实施项目学习中,为了保证不让一个孩子掉队,我们按照"组间同质、组内异质"的原则,给孩子们准备好《活动预备卡》(见图5-2),引导学生充分考虑知识水平、学习能力、组织能力、表达能力上的差异,依据预备卡自由分组,每组6—8人。既照顾到组间的均衡,又考虑到学生的兴趣。避免能力强的学生多做、能力弱的学生少做或不做的现象。

活动预备卡		
成员姓名	个人兴趣、特长	成员分工
黄辰钰	绘画	画插画
李可欣	使用电脑查找资料	在网上搜索信息
毛佳慧	厨艺	学做美食
熊梦晨	英语,有领导力	用英语表述南昌米粉的制作过程(组长)
我们共同的研究题	南昌美食DIY之南昌米粉	
我们的约定	我们约定认真做好自己的事情听从组长安排	

图5-2　活动预备卡

活动预备卡中"我们的约定"看似简单却非常重要。小组约定是孩子们共同遵守的规则,是孩子们的自主约定,有助于项目学习活动的有序、高效地开展。

（三）项目管理

在项目学习的过程中,我们运用评价时间线进行全程管理(见图5-3)。用评价来检验最终成果是否回答了驱动问题,是否产生了对核心知识的深度理解,评价量规贯穿项目学习活动的始终。

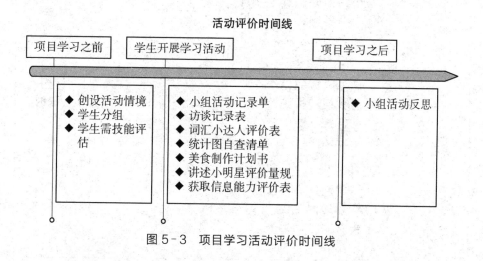

图5-3 项目学习活动评价时间线

三、项目实施

（一）项目方案设计

《南昌美食知多少》项目,我们分三大环节四个阶段分步实施。安排如下(见表5-11)。

表5-11 "南昌美食知多少"项目活动安排表

项目环节	具 体 内 容	时间安排
项目准备	1. 填写《活动预备卡》。 2. 分组。	1课时

项目环节	具 体 内 容	时间安排
项目实施	第一阶段：寻访南昌美食 1. 头脑风暴。 2. 访谈调查。 3. 小组借助工具学习词汇。 4. 小组制作词卡并汇报。 5. 评选词汇小达人。	1 课时
	第二阶段：人气美食评选 1. 汇总收集的信息。 2. 对数据进行统计。 3. 制作统计图。 4. 呈现结论。	1 课时
	第三阶段：学做一份美食 1. 了解制作的方法。 2. 学习动词短语。 3. 美食制作计划表。 4. 展示制作的美食。	1 课时
	第四阶段：南昌美食推介 1. 写：写一篇介绍南昌美食的小短文，可以介绍某一种最喜欢的食物，也可以是几种食物。 2. 说：向国外友人用英语介绍一种美食。 3. 演：模拟场景，用英语交流南昌美食的话题。	1 课时
项目展示	(1) 美食词卡。 (2) 绘画。 (3) 拍摄视频。 (4) 美食汇。 (5) 英语小短文。 ……	1 课时

　　为了使项目活动更为直观、清晰，我们设计了《舌尖上的南昌》项目地图（见图 5-4）。

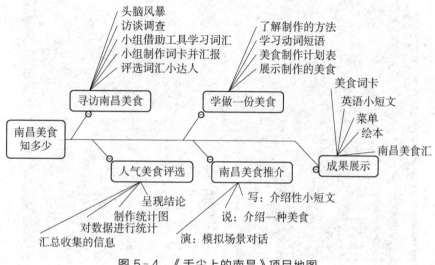

图 5‐4　《舌尖上的南昌》项目地图

（二）项目实践过程

项目学习正式拉开帷幕。孩子们在老师的指导下按照实施计划开展学习实践。

第一阶段：寻访南昌美食(1 课时)

2017 年 7 月,豫章小学教育集团师生代表赴新加坡新民小学友好交流。今年,他们将到我们学校回访。在这样的情境下,孩子们炸开了锅,你一言我一语开始商量着"怎样向客人介绍我们的家乡南昌"? 这个问题范围非常广,于是,教师引导学生聚焦到向客人介绍南昌的美食,同时考虑客人使用的语言。

1. 头脑风暴。南昌的美食种类繁多,同学们了解哪些美食呢? 同学们尝试着用英语表达食物的名称并用思维导图(见图 5‐5)对初步了解到的美食类型进行梳理。在交流过程中,我们发现同学们存在两个问题。一是不清楚南昌的美食有哪些。只能随意地说出常见的粉、面、汤。二是英语词汇量不够。因此,英语夹杂着中文的交流声此起彼伏。

2. 访谈调查。为了解决上述问题,同学们提出了采用访谈调查法了解南

图5-5 《南昌美食》思维导图

昌的美食种类,了解南昌人对本地特色美食的看法,获得真实的第一手材料。
教师指导学生设计了访问记录表(见图5-6),确定访问的对象及问题,以小
组为单位开始访问。

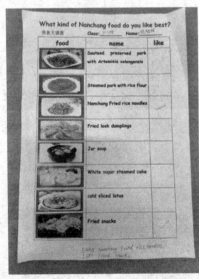
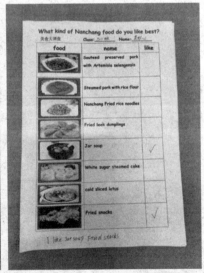

图5-6 访问记录表

　　3. 小组借助工具学习词汇。中西方饮食文化存在差异,四年级的学生从课本上学到的食物名称并不多。因此,教师及时给予学生翻译方法的指导,建议同学们到网上查一查,借助"有道词典""百度翻译"等工具了解多种美食的英文名称,做到会认、会读。并且邀请了家长志愿者向学生讲解中餐食品的翻译方法。例如:以烹饪方法开头的、以主料开头的、以形状或口感开头的、以人名或地名命名的、有直接使用汉语拼音的等等不同译法。

　　4. 小组制作词卡并汇报。学生将想要表达的南昌美食制作成一张张美食词卡(见图5-7)或是一本本菜单(见图5-8),图文结合。绘制食物图案,配合英文表达及中文翻译。

图5-7　美食词卡

　　5. 评选词汇小达人。课堂上,同学们展示自己的词卡或菜单,介绍各种食物的读法。他们互相交流,共同进步,生动活泼。把枯燥的单词学习变成了一种主动的探究。在词汇展示之后,师生共同评选词汇小达人。评价表如下(见表5-12)。

图 5-8　南昌特色美食菜单

表 5-12　词汇小达人评价表

评价要点	☆☆☆☆☆	☆☆☆	☆	评分
收集的单词数量	10 个以上	6—10 个	0—5 个	
会读单词的数量	10 个以上	6—10 个	0—5 个	
卡观美观的程度	图文并茂	表达清晰	较为简单	

第二阶段：人气美食评选(1 课时)

1. 收集数据,整理分析。小组汇总信息并派代表汇报交流调查访问的情况。(1)你是怎样得到记录单上的数据的? (2)通过调查,你们发现喜欢什么食物的人最多? (3)怎样一眼看出喜欢某种食物的人最多? (4)用什么类型的统计图更能直观表达数量的多少?

2. 学生根据收集的数据制作统计图。

3. 运用统计图自查清单检查完善统计图表。在实践中我们发现，学生制作的统计图过于注重个性化表达，对图表的规范性欠缺考虑。因此，老师提供了统计图自查清单（见图5-9），学生根据自查清单从数据的真实性、数据的有效性、图表的规范性三个方面检查并完善自己的统计图。

统计图自查清单

检查类型	检查项目
1. 数据的真实性	☑ 数据来源可靠吗？
2. 数据的有效性	☑ 数据是否有重复？
	☑ 数据是否有遗漏？
3. 图表的规范性	☑ 统计图是否有标题？
	☑ 是否绘制了坐标轴和网格线？
	☑ 是否标示了数据？
	☑ 是否标示了单位名称？
	☑ 是否有图例？

图5-9 统计图自查清单

4. 学生呈现统计图表和结论。通过这一阶段的实践，学生得到了比较完善的统计图（见图5-10、图5-11），了解到了大多数人喜欢瓦罐汤，瓦罐汤是大众喜欢的美食之一。

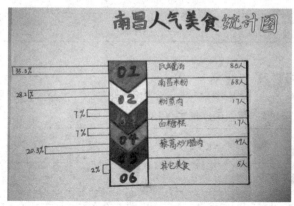

图5-10 条形统计图

图5-11 扇形统计图

第三阶段：学做一份美食(1课时)

评选出了人气美食之后，有同学提议想动手做一做地道的南昌美食，还可以向客人介绍食物的制作过程。一石激起千层浪，孩子们纷纷表达了自己想做美食的愿望。顺着孩子们的思路，我们开始了学做美食的活动。

1. 了解制作的方法。老师事先录制一个美食制作的视频，并配上英文解说。课堂上将它播放给同学们观看，并提醒同学们记录下制作的步骤以及所需的素材(见表5-13)，再上网查一查自己感兴趣的美食，了解它的制作方法。

表5-13 上网查找资料记录表

查询网址	
主料	
配料	
工具	
步骤	
记录人	

2. 评一评，获取信息的能力。(见表5-14)

表5-14 获取信息能力评价表

评价项目	☆☆☆☆☆	☆☆☆	☆
在需要收集信息时，有一定策略			
查询不同种类的信息源			

续　表

评价项目	☆☆☆☆☆	☆☆☆	☆
从多个角度搜集信息			
能够熟练使用搜索引擎			
能较准确地鉴别信息的有效性			

3. 学习制作美食的相关表达。老师让同学们说说刚才记录的信息，大多数的同学都能说出一些单词。待同学们回答后，老师出示下列表格(见表5-15)，呈现如何用英文来表达制作过程。整体呈现学习内容后，老师通过带领同学们做游戏，用边说边做动作等形式巩固所学的内容。

表5-15　中英文对译表

类别	中英文表达
Food material 食材原料	rice noodles 米粉，garlic 大蒜，spring onion 小葱，chilli 辣椒
Ingredients 佐料	salt 盐，soybean sauce 酱油，sesame oil 芝麻油
Cooker 厨具	pot 锅
Tableware 餐具	bowl 碗，chopsticks 筷子
Verb 动词	wash 洗，put ... into ... 放入，boil ... for ... 煮(多久)，use 使用，cut 切，mix ... up 搅拌
Recipe 制作过程	1. Wash the rice noodles. 2. Put them into a pot and add some water. 3. Boil them for ten minutes. 4. Use the knife and cut the garlic, spring onion and chilli. 5. Put the rice noodles into a bowl. 6. Use the spoon and add some salt, soybean sauce, garlic, spring onion, chilli and sesame oil. 7. Use the chopsticks and mix them up.

4. 展示美食制作过程。学习以上关于制作美食的单词和动词短语的表达结构后,老师让同学们分组合作完成拓展任务,说说其他南昌美食制作过程该如何用英文表达,比如说凉拌藕片。

T：You have already known how to make Nanchang mixed rice noodles. How about Cold lotus root?（凉拌藕片）Do you know lotus root? In Chinese, it means 莲藕．

（学生组内讨论,记录 8 分钟。）

G1：Wash the lotus root. Cut …

T：I think you should peel it. Peel means 削皮．Follow me, peel.（老师带领全班同学读这个生词。）

G1：OK. Peel the lotus root and cut it. Put them into the pot and add some water. Boil them for ten minutes. Put them into a bowl and add some salt, soybean sauce, garlic, chilli and sesame oil. Mix them up.

T：Then we can try it. I think it will be yummy.

5. 美食制作计划表。在学习了如何制作美食及其英文表述后,老师布置同学们课后制作一道美食,并用英文表达。可以用拍摄视频的方法记录下制作过程。在此之前,老师引导同学们在组内讨论要制作哪道美食,需要准备什么材料,大家各自的分工如何。讨论结束后指导同学们填写美食制作计划表。如下图所示:（见图 5 - 12、图 5 - 13）

第四阶段：南昌美食推介(1 课时)

同学们都在家里动手做了一道南昌特色美食,有了这次的亲身体验,对南昌美食有了更深入的了解。这时,老师让同学们思考,我们该怎样跟客人推介南昌美食呢? 有的同学会说写一篇文章介绍,有的同学会说边演示边口头介绍。老师带着孩子们开展了一场"美食汇"。同学们把自制的美食带到学校来,用写一写、说一说、演一演的方法向大家介绍南昌美食。

1. 写一写。老师引导同学们在说和演之前可以把要介绍的内容组织整理成一篇文章。

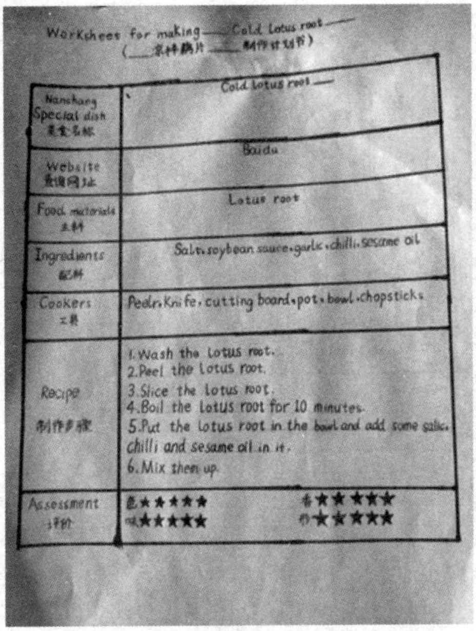

图 5-12　凉拌藕片制作计划书 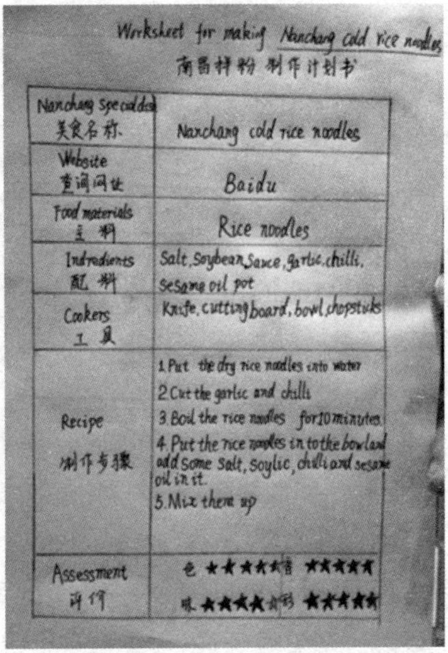　　　图 5-13　南昌拌粉制作计划书

课堂实录

T：If we introduce one special dish to our guests, what will we write?

S：How to make it?

T：Yes, anything else?

S：口味如何?

T：How does it taste?

S：…

T：Don't forget to tell him who you are. (别忘了介绍你自己的个人信息)

S：My name. How old?

T：Yeah, your age. Where are you from?

S：I am cute and friendly.

T：Great! What are you like? That's your feature.

老师给孩子们提供了写作支架(见图 5-14),学生根据写作支架将内容

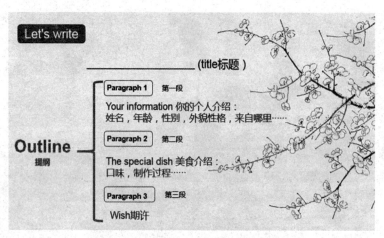

图 5-14　英语小短文写作支架图

补充进去。这　设计大大降低了表达的难度。有了学习支架的帮助,让同学们表达起来更有条理,让每位孩子跳一跳都能够摘到桃子。

2. 讲一讲。同学们都已经将美食制作过程形成了文字稿,如果我们能直接将它说给客人听,会更直观。因此,老师问同学们是否都能通过自己的口语传达呢? 借此机会,老师提议大家来一场美食介绍的挑战。同学们拿着自己做的美食大大方方地向大家做介绍。在此过程中,有些单词同学们不会读或读错,老师适时进行指导。评价细则见表 5-16。

表 5-16　讲述小明星评价量规表

评价内容	评价标准及等级	等级	小组评价（请在合适的等级下面打勾）
南昌美食推荐	脱稿演讲,表达流畅,语音地道,表现力强。	A	
	语言流畅,语音些许错误,表现比较大方自然。	B	
	无语音语调变化,缺少表情,但内容还算完整。	C	
	语音语调不够准确,表达不够连贯,内容不够完整。	D	

3. 演一演。经过以上两个活动,同学们都能介绍南昌的美食了。在特定的情境中,大家是否能恰当地运用自如呢? 老师给同学们布置了如下的任务——角色扮演:四人一组表演,三人扮演客人,另外一人给客人介绍南昌特色美食。

教学实录

S1,2,3：Hello, welcome to Nanchang!

S4：Hello! My name is Andy. I'm from Singapore. Nice to meet you!

S1,2,3：Nice to meet you too!

S1：My name is Alice. I'm 11 years old.

S2：I'm Bob. I am friendly.

S3：My name is Tina. I'm from Hubei, but I live in Nanchang.

S4：Nanchang is a beautiful city.

S1：There is much yummy food here.

S2：We like Nanchang mixed rice noodles best.

S3：We even can make them by ourselves.

S4：That's interesting. Can you tell me?

S1, 2, 3：Sure. First, wash the rice noodles … At last, mix them up. The dish is very yummy. We have it for breakfast every day. Do you want to try it?

S4：Good idea! Let's go!

(三) 项目成果制作

本次项目学习成果是伴随着活动的推进而产生的,主要包括英语小短文、词卡、菜单、绘本、视频五个种类,直接指向英语学科听、说、读、写的能力。

1. 英语小短文(见图 5‑15)

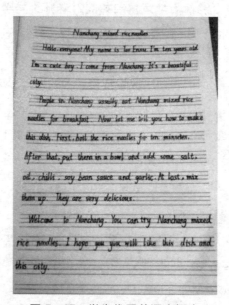

图 5‑15　学生优秀英语小短文

2. 手抄报(见图 5‑16)

图 5‑16　学生优秀手抄报

3. 南昌美食绘本（见图 5－17）

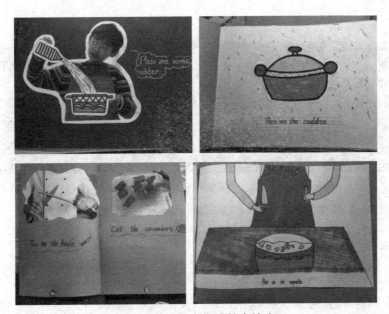

图 5－17　学生优秀美食绘本

4. 拍摄美食制作视频（见图 5－18）

图 5－18　学生优秀制作视频截图

在项目学习之后，老师利用上课时间在班级开展了成果分享会。大家通过投影或在一体机上播放自己的作品向其他同学展示自己的学习成果（见图

5-19),分享自己的学习体会。最后由老师和同学们一起评选出作品的一、
二、三等奖。

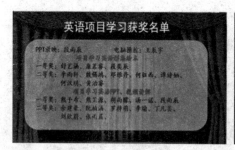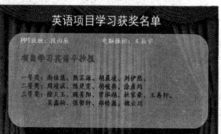

图 5-19　英语项目学习获奖名单

四、 项目成果展示

　　通过《舌尖上的南昌》英语项目学习活动,学生们不仅对南昌的美食文化
有了更深的体验,拓展了和项目主题相关的词汇、短语、句型,学会了使用英
文来介绍美食制作过程。同时,孩子们检索信息的能力、绘画的能力、动手实
践的能力等等都得到了极大的锻炼。

　　此次项目学习成果主要有以下三类:

　　成果一:基于学习过程的分享会(见图 5-20)

图 5-20　在"家长开放日"上进行学习过程分享

　　成果二:基于英语表达的展示会(见图 5-21)

图 5-21　美食汇活动

成果三：基于英语读、写的表彰会(见图 5-22)

图 5-22　"南昌的特色美食"项目学习表彰会

五、 项目活动中的难点突破

1. 在查找信息的过程中,有的学生会将搜索到的相关信息一股脑地照抄下来。在填表时,我们发现其中很多是无效信息。因此,我们建议学生先在组内讨论,先鉴别哪些信息是有用的,再进行分类整理,最后提炼精简,填入表格。

2. 从语言表述的角度来看,在南昌特色美食名称的翻译上,部分学生逐字翻译,闹了不少笑话。所以我们建议学生借助专业的词典,在网上查阅相关资料再确定名称。另外,在美食制作的表达上,会比较困难。我们建议学生选择一道制作工序相对容易的菜,比如凉拌藕片,他们可以参考四年级上册课本制作沙拉的过程来表述如何做凉拌藕片。

六、 项目反思

著名教育家陶行知先生一直提倡"教学做合一",这和"项目化学习"在教学中运用的理念不谋而合。"教学做合一"的教育理念,重在"做"。陶行知先生认为:教与学都应以做为中心。并且特别强调要亲自在"做"的活动中获得知识。在本"项目"实施的过程中,反映出学生能以现有知识和生活经验为基础,在真实而有意义的语言学习环境中,借助各种学习资源,以活动为核心,以完成任务为目标进行语言实践,这其实就是一种"做"。

我们欣喜地发现,经过项目学习的实践,与常规的课堂学习相比,项目学习实现了以下方面的转变:

1. 实现了从"单一教室"到"多元世界"的多场域学习。过去,教材是学生的世界;今天,世界是学生的教材。以往,孩子们学在教室;此次项目实践,孩子们学在厨房,学在超市,学在家庭。我们发现身边就有很多的英语学习资源,生活成了我们的教材。这也是践行了新课标的基本理念,即丰富课程资源,拓展英语学习渠道。

2. 实现了从"被动开口"到"主动表达"的自主性学习。在常规教学中,孩子们做得最多的是跟读和背诵。这种接受式的学习往往让孩子们觉得枯燥无趣,甚至让他们不愿意开口说英语。而这次的项目实践活动,让孩子们介绍身边的事物,他们感兴趣的话题。因此,他们乐于表达,而当他们发现自己不会表述时,他们会借助工具,主动学习。

3. 实现了从"纸上谈兵"到"立体操作"的多学科融合。当前,分科教学是学校主流的课程形态,但分科教学的知识往往缺乏整体性,从单一学科视角认知世界比较片面。而当前国际上跨学科学习是改革的主流。跨学科学习必须跟实际生活的问题紧密相连,而生活无法被刻意或人为地切割来配合现有科目之间的分际,因此需要整体学习。在这次项目学习实践中,我们融合了英语,数学、美术,信息技术等学科。分科教学让人变得专业,跨学科学习让人发展得更完整。

4. 实现了从"语言符号"到"文化传承"的多维度统一。语言是文化的载体，英语教学不仅是语言知识的传授，而且包括文化知识的传播。常规的英语教学强调语言习得，无论是输入还是输出，着力点都是英语国家的文化。通过此次项目学习，学生们深度了解了自己的家乡本土文化，实现了从"语言符号"到"文化传承"的多维度统一。

总的来说，项目实施的成果是令人满意的。但我们也发现了一些不足，产生了一些困惑。比如第一次给学生布置项目学习活动时，我们直接把任务抛给学生。原本以为借助有道词典等翻译工具，他们的表述不会有问题。直到发现第一批学生的作品里都是逐字翻译的现象，我们才发现之前遗漏了一个重要环节，那就是给学生搭建支架。鉴于四年级课本上有教授学生如何做沙拉，其流程和南昌拌粉很相似。我们便让学生们学着用里面的句式介绍南昌拌粉的过程。所以我们总结了经验，项目式学习活动应依托课本，合理设计，搭建支架帮助学生构建知识体系。

第六章

全 力

学科育人的主体参与

学科育人必须有教师主体参与，才能全面地推动课程的实施。从这种意义上说，教师即是课程，教师是课程的研究者、设计者、实施者和评价者。教师的素质决定了课程资源的识别范围、开发与利用的程度以及发挥效益的水平。于是，动态的、鲜活的课程决定了教师角色将重新建构，从课程方案的被动接受者与执行者转变为具有主动精神的课程实施者、生成者、发展者。①教师在教学实践过程中明晰出个性鲜明的课程主张，通过课程理解释放课程理性的"符号表征"，再现预设的课程设计，不断创生、重组课程的内涵。根据课程效果进行恰当的课程拓展，再推动课程实施，呈螺旋式上升的课程内容不断完善，形成系统而全面的课程评价。

---

① 李月玲.新课改中教师的角色[J].才智,2008(12)：210—211.

健美体育： 让每一个儿童都有出彩的机会

南昌市豫章小学体育教研组现有教师 11 人,其中,体育教育硕士 2 名,师资队伍优良,结构合理,其中南昌市体育骨干教师 1 名,6 名教师在南昌市优质课竞赛、基本功大赛中获奖。"健美体育"课程将围绕学校"美雅教育"发展目标进行开发,培养"强健体魄,润美精神"的少年。学校积极探索体育课程改革,着力开发校本课程,优化课程结构,构建课程体系,利用自身优势,结合已经有体育资源,努力创造适合每一个儿童发展的教育,为儿童的全面发展奠基,促进儿童自主、多元、持续地发展,让每一个儿童都有出彩的机会。

第一节 释放个性,关注儿童终身发展

一、学科价值观

《义务教育体育与健康课程标准(2011 年版)》指出:"体育与健康课程是一门以身体练习为主要手段,以增进中小学生健康为主要目的的必修课程,是学校课程体系的重要组成部分,是实施素质教育和培养德智体美全面发展人才不可缺少的重要途径。"它是对原有的体育课程进行深化改革,突出健康目标的一门课程。体育课程的价值是增进身体健康,提高心理健康水平,增强社会适应能力,获得体育与健康知识和技能。

学校对"健美体育"给出的定义有三点:一是体育课程设计、编排、实施、评价等整个体育发展过程中可以利用的一切人力、物力及其他资源的总

和,是实现体育课程目标的基石;二是在整个体育课程的编制过程中,有利于实现体育课程目标所开发的一切人力、物力以及自然资源的总和;三是课程开发过程中一切可以利用的有利于实现体育教育目的的资源。联系到体育教育、教学实际,体育课程资源主要包括体育教材、器材、场馆、体育教师技能、学生体育学习能力及教师与学生分别或共同开发的体育校本课程等。[①]

二、 学科课程理念

结合学校"美雅课程"理念,"健美体育"的课程理念是"强健体魄,润美精神,让运动绽放生命之精彩"。学生在运动中锻炼身体,在运动中凝聚力量,在运动中展开翅膀,从而得到身心全面发展。

生命因健康而美丽,健康的体魄来之于长期坚持不懈的体育运动。苏霍姆林斯基认为:"关心儿童的健康,是教育工作者最重要的工作。"[②]因此,让学生健康体魄是学校体育的重要组成部分。

我们认为,"健美体育"课程即让运动塑体形。体育形于课堂,融于生活,让学生强身健体。

我们认为,"健美体育"课程即让运动塑精神。体育创造美,赋予儿童内在精神美,展示运动的千姿百态融入儿童生活实践,抒发出运动美的韵律。

我们认为,"健美体育"课程即让运动塑品德。让学生在体育运动中贵坚持,培养完善人格和社会责任感。

总之,学校"健美课程"思路是以强体魄为基础,润美精神为融合,通过自主性、探究性、合作性、课内外联动等学习形式,提升学生的体育运动素养。

---

① 李林.体育课程内容资源开发的理论与实践[D].北京师体育大学,2004：66.
② [苏联]瓦·阿·苏霍姆林斯基.育人三步曲[M].毕淑芝等译,人民教育出版社,2002：10.

第二节　立体维度，呵护儿童身心健康

一、学科课程总体目标

《义务教育体育与健康课程标准(2011年版)》课程目标指出：通过体育与健康课程的学习,学生将能够增强体能,掌握和应用基本的体育与健康知识和运动技能;培养运动的兴趣和爱好,形成坚持锻炼的习惯;具有良好的心理品质,表现出人际交往的能力与合作精神;提高对个人健康和群体健康的责任感,形成健康的生活方式;发扬体育精神,形成积极进取、乐观开朗的生活态度。

"健美体育"就是要以学生为中心,改变传统教学方法,不断创新教学内容,激发学生参与体育的兴趣,养成体育锻炼习惯,达到终身体育目标。对传统体育课程进行改革,打破传统的班级界限,根据学生的身心特点和兴趣意志进行体育教学,来达成学生的学习目标。

(一)倡导健康第一、健美和谐发展的教育。以运动技能传授为载体,强调形成积极主动的学习态度,使获得基础知识与基本技能的过程同时成为学会学习和形成正确价值观的过程。

(二)建立新的课程结构。改变现行体育课程结构过于强调学科本位、内容过多和缺乏整合的现状,以适应学生发展的需求,体现体育课程结构的均衡性、综合性和选择性。

(三)体现课程内容的现代化。改变现行体育课程内容"难、繁、偏、旧"的现状,关注学生的学习兴趣和经验,注重培养学生终身体育的意识和能力。

(四)促进学习方式的变革。改变现行体育课程的实施过于强调接受学习、机械训练的现状,关注学生的个体差异和需求,倡导学生主动参与、乐于探究、勇于实践,培养学生获取新知识的能力、分析和解决问题的能力以及交流与合作的能力。

(五)采用多样的体育与健康学习评价。运用多样的评价方法,全面、综

合的评价学生的体育与健康学习。①

二、学科课程年段目标

根据《义务教育体育与健康课程标准(2011年版)》课程目标,学校"健美体育"课程制定了年段目标(见表6-1)。

表6-1　南昌市豫章小学"健美体育"课程年段目标

	运动参与	运动技能	身体健康	心理健康和社会适应
1—2年级	知道体育锻炼对身体健康的好处,上好体育与健康课,并积极参加课外体育活动。	学习基本的身体活动方法和体育游戏,学习多种类别的体育活动方法,初步了解安全活动以及日常生活中有关安全避险的知识和方法。	知道一些保护自身健康的简单常识和方法,能养成良好的卫生习惯。能保持正确的身体姿势,具备初步的柔韧性、灵敏性和平衡能力等身体素质和基本活动能力。	在体育活动中适应新的合作环境,乐于和其他同学交往,能爱护和帮助同学。养成认真观察、积极思考、克服困难,努力完成学习任务的良好品质和习惯。
3—4年级	乐于学习和展示基本身体活动动作,体验参加体育活动的乐趣。	能说出所做的基本身体活动动作名称,能完成多种基本身体动作,初步掌握多种体育活动方法,会做简单的组合动作,知道如何在体育活动中避免危险。	了解个人卫生保健知识和一些疾病的预防知识,努力养成锻炼身体的好习惯,力求保持正确的身体姿势,发展速度、灵敏、协调和平衡能力等身体素质。	体验体育活动中的心理感受,保持积极稳定的情绪,在体育活动中具有克服困难、重复练习、展示自我的愿望和行为。

---

① 王淑英.学校体育课程体系研究[D].河北师范大学,2012：21.

续　表

	运动参与	运动技能	身体健康	心理健康和社会适应
5—6年级	具有积极主动参与体育活动的意识和行为,对体育活动有较浓厚的兴趣,学会获取现代社会体育与健康知识。	通过体育学习,理解一些体育与健康知识,知道一些运动项目的专业术语,逐步学会观看体育比赛;学习和掌握一些体育运动的基本知识、技能,并能运用所学知识技能不断实践,学会在运动中自我保护的基本方法。	在日常的学习、生活、运动中保持良好的身体姿势;通过锻炼、发展速度、耐力、力量、灵敏等身体素质,增强体质;具有关注身体和健康的意识,懂得营养、环境和不良行为对身体健康的影响。	了解体育活动对促进心理健康的作用,正确对待生长发育和运动中可能带来的心理问题;学会通过体育活动等方法调控情绪,正确面对学习、生活中遇到压力、困难和挫折,逐步形成积极进取、乐观向上的生活态度。

第三节　合作共赢,促进儿童快乐成长

一、学科课程结构

依据《义务教育体育与健康课程标准(2011年版)》的相关要求,基于"正有美德者谓之雅"的概念,结合学校历史文化与学校课程理念以及体育学科课程理念,围绕体育学科的核心素养,我们从"运动参与""运动技能""身体健康""心理健康和社会适应"四个方面进行课程构建,让学生在体育活动中学会合作,从而形成"健美体育"课程,促进他们快乐成长。(见图6-1)。

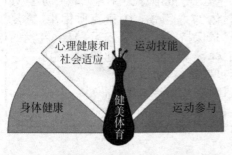

图6-1　南昌市豫章小学"健美体育"
课程结构图

二、 学科课程设置

"健美体育"就是要以学生为中心,改变传统教学方法,构建立体维度,不断创新教学内容,激发学生参与体育活动的兴趣,养成体育锻炼习惯,呵护儿童身心健康,达到终身体育目标。(见表6-2)

第四节 课内一体,创建儿童动态空间

一、 打造"健美课堂",推进学科课程实施

(一)"健美课堂"的实施

学校"健美体育"课程实施是典型的体育课内外一体化教学模式,体育课堂教学成为学生全面学习运动技能的重要途径。课程的设置是在国家规定的体育课课程中,将多种运动技能融入每节课中,以课课练、游戏、比赛等形式贯穿到体育课程教学中,扎实地掌握多项运动技术。低学段以兴趣为导向,体能为基础,高学段侧重技能、体能,教学主要以素质练习和比赛为主,在竞赛中全面提高技能水平,从而激发学生的挑战积极性,达到激发学生运动兴趣的目的。

(二)"健美课堂"的评价标准

体育教师在学校体育中占据着重要的位置,是将体育课程和学生联系起来的重要桥梁,是体育课程具体的设计者、实施者和评价者,体育教师的主体地位决定了本身所具备的教育思想、价值认同和综合素质将深刻影响具体的教学行为,具体的实施走向。教师是课程的实施者,在实施过程中起着决定性作用。在核心素养背景下对教师课程实施水平进行评价,有利于促进教师发展。[①]

---

① 李林.体育课程内容资源开发的理论与实践[D].北京师体育大学,2004：66.

表 6-2　南昌市豫章小学"健美体育"课程设置表

项目\年级	绳绳对对碰	"棋"乐无穷	快乐韵动	飞跃田径	羽乐少年	快乐篮球	快乐足球
一年级	快乐跳——学会原地并脚连续跳短绳,变速跳短绳,移动跳短绳的基本动作。	"棋"开得胜(围棋)——让学生对围棋知识进行认知、学习。			羽球乐——初步掌握羽球操,正手握拍,反手握拍,择拍。		足球对对碰——掌握拉脚回跳脚背、脚正球、脚面颠球、脚背正。
二年级	快乐跳——学会原地并脚连续跳短绳,变速跳短绳,移动跳短绳的基本动作。	"棋"开得胜(围棋)——让学生对围棋知识进行认知、学习。			羽球乐——初步掌握羽球操,正手握拍,反手握拍,择拍。		足球对对碰——掌握拉脚回跳脚背、脚正球、脚面颠球、脚背正。
三年级	带带跳——能做出并脚跳、单脚跳,多种单脚跳,移动变化及双人、三人合作的动作。	"棋"开得胜(围棋)——让学生对围棋知识进行认知、学习。	舞动人生(拉丁舞)、炫舞精灵(街舞)、动感天使(健身操)——学习基本动作。		羽球技——学会前后场步伐、全场步伐,发球发力点和转身,掌握后场接球,前场挑球技术要领。	游戏篮球——在篮球教学活动中有效加入篮球游戏,将篮球运动的基本技术和动作贯穿到篮球游戏中。	足球对对碰——掌握拉脚回跳脚背、脚正球、脚面颠球、脚背正。

续　表

年级＼项目	绳绳对对碰	"棋"乐无穷	快乐韵动	飞跃田径	羽乐少年	快乐篮球	快乐足球
四年级	带带跳——能做出并脚跳、单脚跳，多种变化及双人、三人合作的跳短绳动作。	"棋"乐无穷（国象）——帮助学生掌握国际象棋的基本走法，尝试记录走法了解的棋谱。	舞动人生（拉丁舞）、炫舞精灵（街舞）、动感天使（健身操）——能跟随节奏律动。	极限酷动——学生能够了解田径项目的基础知识，学会跑、跳、投等田径项目的技术动作。	羽球技——学会前后场步伐、全场步伐，发球发力点和转身，掌握后场定点接球，前场挑球技术要领。	游戏篮球——在篮球教学活动中有效加入篮球游戏，将篮球运动的基本技术和动作贯穿到篮球游戏中。	玩转足球——掌握脚内侧踢球、左右脚内侧运球、头顶球、运球与射门的基本动作。
五年级	花样跳——学会单人双摇，多种花样跳短绳，长绳中双人、多人穿梭跳。	"棋"乐无穷（国象）——帮助学生掌握国际象棋的基本走法，尝试记录棋谱了解走法。	舞动人生（拉丁舞）、炫舞精灵（街舞）、动感天使（健身操）——能用音节动作表达自己的情绪。	极限酷动——能够了解田径项目的基础知识，学会跑、跳、投等田径项目的技术动作。	羽球竞——了解羽毛球规则和裁判法，学会"三二一""一二三""四"对抗技术和战术。	活跃篮球——让孩子在轻松娱乐的环境下学习篮球基本动作——控球、传球、运球、投篮。	玩转足球——掌握脚内侧踢球、左右脚内侧运球、头顶球、运球与射门的基本动作。

续　表

项目＼年级	绳绳对对碰	"棋"乐无穷	快乐韵动	飞跃田径	羽乐少年	快乐篮球	快乐足球
六年级	花样跳——学会单人双摇、多种花样跳短绳，长绳中双人、多人穿梭跳。	"棋"乐无穷（国象）——掌握国际象棋的基本走法，尝试、理解记录走法的棋谱。		极限酷动——了解田径项目的基础知识，学会跑、跳、投等田径项目的技术动作。	羽球竞——了解羽毛球规则和裁判法，学会"三一二""二一四"对抗技术和战术。	活跃篮球——学习篮球基本动作——控球、传球、运球、投篮。	玩转足球——掌握脚内侧踢球、左右脚内侧运球、头顶球、运球与射门的基本动作。

教师的教学评价涉及方面较多,其中教师的教学能力是学校考核的重点。学校对体育教师教学评价主要有三个方面的内容：体育教学能力考核,教育工作能力考核和组织管理能力考核。具体评价细则如下(见表6-3)。

表6-3 南昌市豫章小学"健美课堂"教学教师评价体系

课程内容	教学评价	评价形式
教学能力评价	1. 体育教学组织能力。 2. 专业术语口述能力。 3. 教学文件的编写能力。 4. 运动技能示范能力。 5. 教师对学生的教育能力。	1. 组织领导教师听课。 2. 发放教师测评问卷。 3. 检查教案等教学材料。
教育工作能力	1. 教师参与特色课程开发的能力。 2. 教师体育专业能力。 3. 教师科研能力。 4. 教师创新能力。 5. 科学的急救知识和技术。	1. 学校定期的专业业务考核。 2. 学校课程改革教师的参与程度。 3. 教师参与课题研究和论文发表数量。 4. 对校本课程游戏和上课组织形式的创新能力。
管理组织能力	1. 课堂组织能力。 2. 对课余训练队管理组织能力。 3. 对大型体育竞赛、活动的管理能力。 4. 对体育成绩管理能力。	1. 学校组织活动,教师的参与能力。 2. 对学校体育教学工作,教师的贡献能力(以教师贡献能力和教师参与能力,给予奖金、证书、称号等奖励)。

"健美课程"对学生评价建立了学生成长记录档案,成长记录档案中记录了健美课堂中学生体育技能的练习进度和练习效果、学习态度、心理健康成长等内容。该档案主要由教师、学生、家长三方共同参与记录,以随堂记录的形式进行评价。其中体能占总成绩的40%,技能占30%,心理健康占30%,每周的成长记录会为学年总评做出参考数据,成绩按优良差进行记评。具体评价体系表见表6-4。

表6-4　南昌市豫章小学"健美课堂"学生学习效果评价体系

评价内容	评价标准	评价方法
运动技能评价	1. 学生能够根据健美课堂掌握基本运动技能。 2. 按照不同阶段学生制定不同的标准，注重学生的差异性。 3. 对技能的掌握，运用，并能坚持锻炼。	通过测试竞赛、表演、汇报等形式进行评价。
学生体质评价	力量、速度、耐力、柔韧、灵敏性。	通过体能测试、体能竞赛进行评价。
学习态度评价	1. 不迟到、不旷课、不早退。 2. 积极主动参与体育活动。 3. 在上课时专注投入。 4. 积极主动思考，为达到目标而反复练习。 5. 认真接受老师的指导。	借助成长档案中的课堂记录进行评价。
心理健康和情感评价	1. 在课堂教学中的注意力和意志力的变化。 2. 学生自信、自尊心和意志品质的培养。 3. 体育运动中情绪的培养。 4. 和谐的人际关系和合作精神的培养。	根据成长档案中的课堂记录进行评价。

二、 倡导"大课间学习"，培养良好的体育锻炼习惯

（一）"大课间学习"的基本要求

南昌市豫章小学以"彰显传统、不懈创新""健康第一、和谐美雅"为目标，利用学校的每一块空地，利用身边的每一项资源，开展丰富多彩的体育活动，以提升锻炼的时效性、内容的全面性、功能的多样性、参与的广泛性及活动的趣味性、娱乐性为原则，为学生身心和谐发展创造了广阔的空间，真正做到把时间、空间还给学生，把兴趣、爱好还给学生，让每位"美雅学子"

健康成长。①

　　体育团队利用学校资源，开拓创新，将传统与流行元素融合，创编实效、靓丽的课间操，形成独特的大课间体育活动。阳光让生命五彩缤纷，运动让校园充满活力，阳光体育大课间让快乐的时光在运动场上激荡。学校的"大课间学习"采取分时段、分步骤等方式进行，少年的活力都在跳跃的脚步间尽情绽放，生动、活泼、健康的阳光体育运动得到充分展现。

　　学校"大课间学习"安排表如下（见表6-5）。

表6-5　南昌市豫章小学"大课间学习"安排表

时间安排	活动年级	活 动 内 容
星期一	一年级	跳短绳 《十二生肖》武术操 武术套路操
星期二	四年级 五年级	《葫芦娃》健身操 《卡路里》绳操 足球操 七彩阳光广播操
星期三	二年级	跳短绳 《三字经》武术操 武术套路操
星期四	四年级 六年级	七彩阳光广播操 《葫芦娃》健身操 趣味跑操
星期五	三年级	我爱足球操 快乐足球游戏

---

① 陈鹏飞.新课程新评价[M].合肥工业大学出版社,2005：35.

（二）"大课间学习"的评价要求

　　学校的大课间评比制度主要以监督、打分展评为主,行政值日领导巡视监督,体育教师分年级管理,班主任为主负责人,学生成立打分小组,每天的打分成绩进行展评,并计入班级年终评比成绩,层层落实,齐抓共管。定期召开相关会议、定期进行相关展演、评比活动。具体评价见表6-6。

表6-6　南昌市豫章小学"健美大课间"评价标准

评比时间	评 比 内 容	分值	班级	得分
	体育教师、班主任亲自参加,责任明确,管理到位,组织有序。在校学生参与率达95%以上。	1—10分		
	进退场有序,动作准确,口令清脆洪亮,口号响亮整齐。操类动作规范和整齐程度。学生积极参与,表现出良好合作精神与团队意识。	1—35分		
	大课间活动需要器材即时到位,责任落实。器材安排合理、安全。	5分		
	国家学生体质健康标准中测试项目,如跳绳、坐位体前屈等。学生积极参与,组织得当,活动有序,配合默契,积极热情。	1—25分		
	音乐引导,整个活动伴随音乐引导指挥。	5分		
	安全措施得当,教师引导学生安全地进行大课间活动,采用的保护与帮助措施正确得当。	10分		
	运动负荷适度,应根据学生年龄、生理、心理的特点,安排适宜运动负荷。	10分		
备注				

三、建立"健美社团"，享受体育运动快乐

（一）"健美社团"的类别与实施

该社团以学生为主，倡导创新性活动，发扬学生的个性特长，体会社团的乐趣，促进学生身心健康。学生初步掌握各社团最基本的技术和游戏方法，发展学生的各项身体素质，打好学生运动基础。"健美社团"由学生自己管理、组织活动，培养学生的管理能力和团队观念。

（二）"健美社团"组织实施形式

学校"健美社团"由各体育教师担任主指导员，由学生成立管理小组，负责各个项目社团的活动安排和活动组织。设立队长一名，负责社团管理和纪律管理；副队长两名，负责对学生分组管理。社团活动安排在每周一到周五下午 15:30—17:00，社团活动有明确的活动要求，分别对活动纪律、奖惩措施、器材管理、注意事项等进行了规定。学习内容包括：各种技能练习、各种拓展活动的展演、社团活动竞赛。学校制定了南昌市豫章小学"健美社团"类别实施表（见表 6-7）。

表 6-7　南昌市豫章小学"健美社团"类别实施表

活动内容	活动时间	活动地点
"棋"乐无穷	每周一、三、五下午 3:30—5:00	博弈室
舞动人生	每周一下午 3:00—4:30	舞蹈房
炫舞精灵	每周五下午 3:00—4:30	舞蹈房
动感天使	每周三下午 3:30—5:00	舞蹈房
羽球少年	每周三下午 3:30—5:00	篮球馆
"快乐篮球"	每周二、三下午 3:30—5:00	篮球馆、操场

活动内容	活 动 时 间	活动地点
"快乐足球"	每周二、三下午 3:30—5:00	足球场
"飞跃田径"	每周二、三下午 3:30—5:00	操场

（三）"健美社团"的评价要求

健美社团活动的评价,主要是看学生对社团活动参与的积极性,学生对社团活动的贡献能力,学生的纪律性,出勤情况,以及学生根据各体育老师所教授内容进行展演并有一定拓展与创新等多方面打分,进行综合评定。每个学期末都会进行总结性评价,届时会发放小礼品和纪念奖状,以资鼓励。具体评价内容如下(见表6-8)。

表6-8　南昌市豫章小学"健美社团"评价表

社团名称		执教教师:　　　时间:			
评价内容	评价标准	评 价 结 果			
		自我评价	同学互评	教师评价	总评
情感态度	1. 参与活动。				
	2. 出勤率。				
	3. 面对困难能积极主动对待并坚持完成。				
合作交流	1. 平时课堂中的表现。				
	2. 和同学的合作学习。				
	3. 在社团学习中积极和同伴合作,提出建议。				

续　表

评价内容	评价标准	评价结果			
		自我评价	同学互评	教师评价	总评
实践能力	1. 能熟练掌握教师教授的技能。				
	2. 发散思维将所学技能进行创编。				
	3. 将所学技能灵活运用到实践中。				
	4. 学习方法多样。				
成果展示	1. 活动过程记录。				
	2. 演示形式多样。				
	3. 成果有创意。				
同学互评：		师评：		家长评：	
自评：					

四、开展"健美体育节"，浸润体育学习氛围

（一）"健美体育节"实施办法

在全面推行素质教育的背景下，以加强学生体育锻炼，努力提高学生身心健康水平为目的，进一步提升学生身体素质，丰富学生的课余文化生活，培养学生的创新精神和实践能力，使学生德、智、体、美全面发展，展开翅膀唤醒童年的梦。

"健美体育节"是将传统运动与趣味运动相融合，将传统体育运动的竞技

比赛和让人提起兴趣的趣味活动融合在一起,我们把趣味运动和同学们的学习、娱乐的需求进行整合,使其融合了体育、趣味、智力、文化、协作、耐力等元素,增强了一定的观赏性,彻底做到让学生在娱乐中锻炼身体,在娱乐中学习,在学习中凝聚力量,展开翅膀,从而得到身心全面发展。

　　以广播操、队列队形活动为推手,切实增强学生体质,使学生充分享受运动带来的乐趣,以此增强体育运动的实效性。

表6-9　南昌市豫章小学"健美体育节"活动实施方案

一、指导思想
充分认识体育节活动的意义,注重以人为本、健康第一、终身体育的观念,各班、各责任教师要充分组织,激发调动起每位学生参与活动的积极性,认真组织、指导好各项活动。要重视加强安全防范措施,做到安全第一,确保不发生意外伤害事故。同时注意在活动中讲求特色,力求高效,使每个学生都学有所长。通过活动的开展,使我校学生的身体素质和健康水平得以较大提高。
二、参加对象和组别
全体师生,以班级为单位进行展演,各个社团为小组,提供展示平台,通过多方位体育形式的展示,最大程度挖掘体育特长。要求有特色,人人都参与,班班有活动,追求高质量,体现高品位。
三、时间安排:每学年秋季、冬季开展一次
四、活动要求 1. 以班级为单位参加运动会和广播操比赛。 2. 队列整齐、站队迅速、动作规范、整齐、肃静。 3. 学生精神饱满,昂首挺胸,目视前方,注意力集中。服装统一,穿校服同时要佩戴红领巾。 4. 运动会各班入场队形四路纵队,从高至低排列。 5. 参加运动会比赛项目坚持安全第一。
五、实施保障 1. 加强师资培训,搭建活动平台。 2. 开展校本课程建设。 3. 建立激励机制。 4. 加强安全教育。

（二）"健美体育节"实施评价标准

"健美体育节"评价体现了多元化原则,从多方面进行考评。具体评价表如下四表所示(见表6-10、表6-11、表6-12、表6-13)。

表6-10 南昌市豫章小学"健美体育节"之队列队形、广播操评价标准

评分 班级	进退 场形式 10分	队列 队形 10分	动作 标准 15分	动作有 力度 15分	富有 节奏 15分	精神 面貌 15分	出勤组 织纪律 10分	服装 统一 10分	总分
一(1)									
一(2)									
一(3)									
二(1)									
二(2)									
二(3)									
三(1)									
三(2)									
三(3)									
四(1)									
四(2)									
四(3)									
五(1)									
五(2)									
五(3)									
六(1)									
六(2)									
六(3)									
六(4)									

表 6-11　南昌市豫章小学"健美体育节"开幕式评价标准

评分标准	入场形式(10分)	出场队列(10分)	服装统一(10分)	展示特色含照片(15分)	赛场纪律(15分)	班级卫生(15分)	投稿数量(10分)	比赛加分(15分)	总分(100分)
一(1)									
一(2)									
一(3)									
二(1)									
二(2)									
二(3)									
三(1)									
三(2)									
三(3)									
四(1)									
四(2)									
四(3)									
五(1)									
五(2)									
五(3)									
六(1)									
六(2)									
六(3)									
六(4)									

表6-12　南昌市豫章小学"健美体育节"之一二年级成绩表

项目 班级	蚂蚁搬家	开火车	海底传月	袋鼠跳	跳绳单摇	总成绩	名次
一1班							
一2班							
二1班							
二2班							

表6-13　南昌市豫章小学"健美体育节"之三—六年级成绩表

项目 班级	跳绳 单摇	你追 我赶	跳绳 带带跳	拔河	100米 接力	蚂蚁 搬家	总成绩	名次
三1班								
三2班								
四1班								
四2班								
五1班								
五2班								
六1班								
六2班								

综上所述，"健美体育"就是要以儿童为中心，改变传统教学方法，对传统体育课程进行改革，打破传统的班级界限，不断创新教学内容，激发儿童对体育参与的兴趣。让儿童能正确认识压力的来源，有健康的心理，能快乐地与人交往；有吃苦耐劳的意志品质及团结合作的集体主义思想，并能够将所学的体育技能以及锻炼方式运用到日常生活中，养成坚持锻炼的习惯，让每个豫章学子"体有所健，行有所美"，让每一个儿童在生命中都有出彩的机会。

后 记

　　"立德"与"树人"是中华传统文化中两个闪耀的思想精髓,它们从中华历史的深处走进了新时代,形成了教育课改的根本任务。2014年《教育部关于深化课程改革落实立德树人根本任务的意见》中指出,"全面深化课程改革,整体构建符合教育规律、体现时代特征、具有中国特色的人才培养体系,建立健全综合协调、充满活力的育人体制机制,落实立德树人根本任务,是贯彻党的十八大和十八届三中全会精神的重大举措,是提高国民素质、建设人力资源强国的战略行动,是适应教育内涵发展、基本实现教育现代化的必然要求,对于全面提高育人水平,让每个学生都能成为有用之才具有重要意义。"①

　　义务教育质量事关亿万少年儿童健康成长,事关国家发展,事关民族未来。2019年《中共中央国务院关于深化教育教学改革全面提高义务教育质量的意见》中进一步强调:"坚持立德树人,着力培养担当民族复兴大任的时代新人;坚持'五育'并举,全面发展素质教育;强化课堂主阵地作用,切实提高课堂教学质量;按照'四有好老师'标准,建设高素质专业化教师队伍;深化关键领域改革,为提高教育质量创造条件;加强组织领导,开创新时代义务教育改革发展新局面。"②

　　为深入贯彻党的十九大精神和全国教育大会部署,加快推进教育现代化,建设教育强国,办好人民满意的教育,南昌市豫章小学依据上述国家教育部政策精神,宏观准确把握全面深化课程改革的总体要求,做好学校育人目标和课程体系的顶层设计。我校坚持"五育并举",全面推进课程变革,真正落实立德树人的根本任务。

① 中华人民共和国教育部.教育部关于全面深化课程改革落实立德树人根本任务的意见[Z].2014-4-24.
② 中共中央国务院.关于深化教育教学改革全面提高义务教育质量的意见[Z].2019-7-9.

　　派纳说：课程是一种复杂的会话。正因为如此，每一所学校都可以有自己独特的课程文化，都可以有自己独特的课程哲学，并让思想的光辉映照学校课程。① 自2008年以来，南昌市豫章小学王玉燕校长带领全体教师秉承"美雅教育"哲学，坚持以先进的办学理念引领学校的发展，不断浓厚教育教研的氛围，进行课程改革，取得了可喜成果。2016年起，我校通过《在校本课程的开发与实施中浸润美雅文化的研究》课题的研究，建构实施了具有学校特色的"美雅课程"，浓厚"美雅文化"氛围，有效实现了"美雅"对学生的全方位浸润。

　　2018年，在南昌市东湖区教科体局和东湖区教研中心的组织和帮助下，上海市教育科学研究院杨四耕老师团队多次亲临南昌市豫章小学指导，召开专题讲座，为学校学科课程建设和发展指明了方向。根据专家的指导和启发，学校课程小组成员重新思考了学科课程规划与课程体系构建，主张在课程育人的总体框架下进行学科育人，体现并落实课程育人的总理念、总要求，映射出课程育人的大视野、大格局、大价值。重点聚焦学科课程与育人质量，致力于传承、发扬"豫章书院"的治学理念，努力探索"以美育美、以雅育雅"的理论体系和实践途径，不断完善、凸显"美雅教育"办学特色。学校在开发与实施"美雅课程"的过程中，让每位教师都完成"破茧成蝶"的华丽转身，让每位学子都能快乐成长，向美奔跑，日有所长。

　　六秩芳华、桃李万千。在南昌市豫章小学建校60周年来临之际，学校积极尝试建立、部署"全人、全能、全景、全程、全策、全力"的课程纲领。大力推行课程管理，制定课程规划、商定课程主题、开发校本课程、优化课程策略、进行课程设置、选择课程资源、完善评价体系。让教师成为课程的开发者，让学生成为课程的主体，让课程凝聚学生内在生长的力量，引领全体师生向着美好的人生启航。这份成果凝聚了学校课程领导小组全体成员的智慧和心血，虽不能尽善尽美，但其见证了学校新使命，见证了学校课程改革与实施的新

---

① 杨四耕.首要课程原理：学校课程发展的整合性架构[J].江苏教育,2019(9)：59.

探索,见证了全体参与教师的新实践。

　　感谢南昌市东湖区教科体局搭建的学习平台,感谢南昌市东湖区教研中心的大力支持,感谢上海市教育科学研究院杨四耕老师团队的指导与引领,感谢学校课程领导小组全体成员的不懈坚持与努力!今天的学科育人在豫章小学丰厚的土壤里生长出来,定会走得更远、更深、更好!祝愿南昌市豫章小学继往开来、功德昭著,感恩奋进、再创辉煌!

教师专业发展的理论与实务	978 - 7 - 5760 - 0721 - 3	42.00	2021 年 2 月
课堂教学的 30 个微技术	978 - 7 - 5760 - 1043 - 5	52.00	2020 年 12 月
教学诠释学	978 - 7 - 5760 - 0394 - 9	42.00	2020 年 9 月
原点教学:提升区域育人质量的策略研究			
	978 - 7 - 5760 - 0212 - 6	56.00	2020 年 8 月
聚焦学科核心素养的课堂教学	978 - 7 - 5675 - 8455 - 6	36.00	2018 年 11 月
指向学科核心素养的课堂教学范式			
	978 - 7 - 5675 - 8671 - 0	54.00	2019 年 6 月

学校课程发展丛书

数学学科课程群	978 - 7 - 5675 - 9445 - 6	58.00	2019 年 8 月
科学学科课程群	978 - 7 - 5675 - 9593 - 4	34.00	2019 年 9 月
核心素养与课程设计	978 - 7 - 5675 - 9462 - 3	46.00	2019 年 9 月
语文学科课程群	978 - 7 - 5675 - 9441 - 8	56.00	2019 年 9 月
品牌培育与学校课程	978 - 7 - 5675 - 9372 - 5	39.00	2019 年 9 月
英语学科课程群	978 - 7 - 5675 - 9575 - 0	39.00	2019 年 10 月
体艺学科课程群	978 - 7 - 5675 - 9594 - 1	34.00	2019 年 10 月
跨学科课程的 20 个创意设计	978 - 7 - 5675 - 9576 - 7	34.00	2019 年 10 月
学校课程与文化变革	978 - 7 - 5675 - 9343 - 5	52.00	2019 年 10 月

品质课程实验研究丛书

学校课程框架的建构:HOME 课程的旨趣与架构			
	978 - 7 - 5675 - 9167 - 7	36.00	2019 年 9 月
聚焦育人目标的课程设计:红棉花季课程的愿景与追求			
	978 - 7 - 5675 - 9233 - 9	39.00	2019 年 10 月

核心素养导向的课程设计:花园式课程的文化与聚焦

        978 - 7 - 5675 - 9037 - 3   48.00   2019 年 10 月

学校课程文化的实践脉络:百步梯课程的逻辑与架构

        978 - 7 - 5675 - 9140 - 0   48.00   2019 年 11 月

学校课程发展策略:SMILE 课程的逻辑与深度

        978 - 7 - 5675 - 9302 - 2   46.00   2019 年 12 月

聚焦内涵发展的课程探究:芳香式课程的理念与实施

        978 - 7 - 5675 - 9509 - 5   48.00   2020 年 1 月

以儿童为中心的课程:欢乐谷课程的旨趣与维度

        978 - 7 - 5675 - 9489 - 0   45.00   2020 年 1 月

学校课程体系的建构:"小螺号课程"的架构与创生

        978 - 7 - 5760 - 0445 - 8   45.00   2020 年 9 月

特色学校聚焦丛书

每一个孩子都是一棵树   978 - 7 - 5675 - 6978 - 2   28.00   2018 年 1 月

教育不是一个人的事:"众教育"36 条

        978 - 7 - 5675 - 7649 - 0   32.00   2018 年 8 月

不一样的生命,一样的精彩   978 - 7 - 5675 - 8675 - 8   34.00   2019 年 3 月

童味正醇:特色学校的文化图谱   978 - 7 - 5675 - 8944 - 5   39.00   2019 年 8 月

特色普通高中课程建设探索   978 - 7 - 5675 - 9574 - 3   34.00   2019 年 10 月

儿童是天生的探索者:360°科学启蒙教育

        978 - 7 - 5675 - 9273 - 5   36.00   2020 年 2 月

做精神灿烂的教师:教师自我成长的 5 个密码

        978 - 7 - 5760 - 0367 - 3   34.00   2020 年 7 月

让教育温暖而芬芳   978 - 7 - 5760 - 0537 - 0   36.00   2020 年 9 月

快乐教育与内涵生长   978 - 7 - 5760 - 0517 - 2   46.00   2020 年 12 月

故事教育与儿童发展   978 - 7 - 5760 - 0671 - 1   39.00   2021 年 1 月

跨学科课程丛书

大情境课程：主题设计与创意评价

           978 - 7 - 5760 - 0210 - 2   44.00   2020 年 5 月

社会参与素养的培育模型与干预机制

           978 - 7 - 5760 - 0211 - 9   36.00   2020 年 5 月

大概念课程：幼儿园特色主题活动设计

           978 - 7 - 5760 - 0656 - 8   52.00   2020 年 8 月

核心素养导向的课堂教学丛书

漾着诗性智慧的课堂教学   978 - 7 - 5675 - 9308 - 4   39.00   2019 年 7 月

转识成智的课堂教学：核心素养导向的历史教学

           978 - 7 - 5760 - 0164 - 8   40.00   2020 年 5 月

学导式教学：学会学习的教学范式

           978 - 7 - 5760 - 0278 - 2   42.00   2020 年 7 月

高阶思维教学的关键技术   978 - 7 - 5760 - 0526 - 4   42.00   2021 年 1 月

特色课程建设丛书

教师，生长的课程   978 - 7 - 5760 - 0609 - 4   34.00   2020 年 12 月

学校课程发展的实践范式   978 - 7 - 5760 - 0717 - 6   46.00   2020 年 12 月

丰富学习经历：如歌式课程的愿景与深度

           978 - 7 - 5760 - 0785 - 5   42.00   2020 年 12 月